DÉPARTEMENT DE LA SEINE

DIRECTION DES AFFAIRES DÉPARTEMENTALES

ÉTAT DES COMMUNES

A LA FIN DU XIXe SIÈCLE

publié sous les auspices du Conseil Général

DUGNY

NOTICE HISTORIQUE

ET

RENSEIGNEMENTS ADMINISTRATIFS

MONTÉVRAIN

IMPRIMERIE TYPOGRAPHIQUE DE L'ÉCOLE D'ALEMBERT

1896

DUGNY

NOTICE HISTORIQUE

DUGNY[1]

Anciennement, communauté de la Généralité et de l'Élection de Paris, de la subdélégation de Gonesse; paroisse du doyenné de Chelles.

En 1790, commune du district de Saint-Denis (supprimé en l'an III) et du canton de Pierrefitte.

De l'an IX à 1893, commune de l'arrondissement et du canton de Saint-Denis;

Actuellement, commune du canton d'Aubervilliers, en vertu de la loi du 12 avril 1893.

1. Il n'existe en France qu'une autre commune du nom de Dugny : c'est celle de Dugny au département de la Meuse, arrondissement et canton de Verdun-sur-Meuse.

I. — FAITS HISTORIQUES

L'ondulation de terrain que présente l'extrémité Nord-Est de la plaine Saint-Denis, la réunion en ce point de plusieurs petits cours l'eau qui semblent s'y être donné rendez-vous pour aller, de là, fertiliser les diverses parties de la plaine, étaient des conditions favorables pour déterminer de bonne heure une agglomération de cultivateurs. En fait, Dugny a dû exister au moins dès l'époque gallo-romaine, et son nom seul l'atteste, car *Duniacum* signifie : domaine de *Dunius*, — famille ou personnage s'étant fixé là après la conquête de la Gaule par les Romains.

Plus tard, Dugny fut surnommé Dugny-en-France, et l'on sait que ce surnom, — appliqué à plusieurs autres localités voisines: Saint-Denis-en-France, le Bourget-en-France, le Vivier-en-France, etc., — désignait anciennement une région limitée par la Marne, la Beuvronne, la Thève et la Seine. Il s'est fort longtemps conservé dans la langue populaire et nous n'affirmerions pas qu'il ait complètement disparu [1].

Il est question de Dugny, dit Lebeuf, dans un livre composé du temps de Charles le Chauve, à l'occasion de deux guérisons arrivées dans l'église de ce lieu, qui portait déjà le nom de saint Denis. Peu nous importe l'authenticité de ces guérisons, plus ou moins miraculeuses; ce qu'il faut retenir, c'est l'existence, au IXe siècle, d'une église à Dugny, preuve que le village était déjà assez important pour constituer une paroisse.

Diverses chartes du XIIe siècle la mentionnent. En 1119, elle appartenait, ainsi que les moulins et d'autres biens, au prieuré de Saint-Martin-des-Champs de Paris (dans les bâtiments duquel est aujourd'hui le Conservatoire des Arts et Métiers): *aecclesiam de Duniaco, et molendina, et cetera que ibi sunt sancti Martini* [2]. Un

---

1. On ne connaît pas d'actes écrits où figure cette mention de Dugny en France; son existence a été pourtant révélée à feu Léopold Pannier par M. Cretté de Palluel. Cf. A. Longnon, *l'Ile de France, son origine, ses limites, ses gouverneurs*, dans les *Mémoires de la Société de l'histoire de Paris et de l'Ile de France*, t. I (1874), p. 13 et note.

2. *Cartulaire général de Paris*, publié par M. de Lasteyrie dans la collection de l'Histoire générale de Paris, t. I, p. 207.

acte de 1124 fait connaître que Mathieu de Montmorency céda la terre de Dugny à Bouchard de Montmorency, avec la faculté d'en faire ce qu'il voudra [1]. A la fin du même siècle, l'église passa, sans qu'on sache pour quelle cause, en la possession du prieuré de Deuil, distant de quelques lieues et, jusqu'à la Révolution, ce fut ce monastère qui eut le droit de nommer ses curés. Mais il n'eut pas pour cela la seigneurie, qui, à dater de l'année 1216, fut acquise, sans doute des Montmorency, par l'abbaye de Saint-Denis, et resta en son pouvoir jusqu'à la fin de l'ancien régime.

Il n'y en eut pas moins sur l'étendue de la paroisse des seigneurs particuliers, puisqu'il suffisait de posséder une terre dans certaines conditions pour avoir une part de seigneurie. C'est ainsi que l'on rencontre le nom, vers l'an 1300, d'Adam de Dugny, chevalier, et, en 1311, d'une dame de Saint-André, qui fut déboutée de son appel au Parlement contre les religieux de Saint-Denis, au sujet de « la haute justice des voiries de Dugny ».

Au XVe siècle, pendant les guerres entre la France et l'Angleterre, Jacques de Luillier, resté fidèle à Charles VII, se vit déposséder de son manoir de la Pointe à Dugny, par le roi d'Angleterre, Henri VI, au profit d'un partisan de ce dernier. La rue de la Pointe existe encore aujourd'hui et conserve le souvenir de cet ancien domaine.

Dans la seconde moitié du XVIIe siècle, l'abbaye de Saint-Denis eut, pour receveur de sa terre de Dugny, un homme dont la mémoire a été longtemps conservée avec reconnaissance dans le village, car il en fut le bienfaiteur généreux et infatigable. Il se nommait Martin Brissart, et mourut le 5 février 1705. Son épitaphe, qu'on peut lire encore aujourd'hui dans l'église et dont nous reproduisons le texte (p. 22), fait connaître qu'il secourut les pauvres, assista tous les habitants de ses conseils, fit reconstruire l'église, paver les rues et le grand chemin.

Il semble d'ailleurs que cet aimable village ait eu de tout temps le privilège d'exciter les générosités, les dévouements; Martin Brissart a eu des émules que nous nommerons tout à l'heure.

Nous avons retrouvé aux Archives Nationales un fort intéressant document relatif à Dugny : c'est la série des réponses faites à un questionnaire concernant chacune des paroisses de l'Élection de

---

1. *Cartulaire général de Paris*, ouv. cité, p. 225.

Paris et destiné sans doute à permettre une meilleure perception de l'impôt. Ce document est de l'année 1716; en voici le texte :

« Mémoire particulier dressé par nous, Jacques Levray, commissaire pour l'établissement de la taille proportionnelle au département de Gonnesse.

1. La paroisse de Dugny.

2. Du diocèse de Paris.

3. Du ressort du Parlement de Paris.

4. Simple seigneurie, qui a justice haute, moyenne et basse, dont l'on appelle au Parlement.

5. Les religieux bénédictins de Saint-Denis en sont seigneurs.

Le tiers des dixmes, tant sur Dugny que sur le Bourget, prieuré de Deuil, et ce tiers est affermé annuellement 420 livres.

Les autres deux tiers des dixmes appartiennent à la cure de Dugny et du Bourget, qui ne fait qu'une seule paroisse, et le curé les fait lever luy même.

6. La situation de la paroisse est à deux lieues et demie de Paris dans la plaine Saint-Denis; la rivière de Crou sépare le territoire de Dugny d'avec celuy de Garges, et la petite rivière de Morée sépare le territoire de Dugny d'avec celuy de Bonneuil; ces deux petites rivières font tourner trois moulins sur ladite paroisse.

7. L'étendue de la paroisse est de 773 arpens, 20 perches à cent perches l'arpen et 18 pieds la perche, suivant la supputation faite sur les déclarations.

8. Le terrain est médiocre et ne produit que des blés.

9. Il y a 54 maisons, y compris le presbitère et celles des exempts.

10. Il y a 200 communians, qui composent 58 familles, et les peuples ont diminué depuis 40 ans de près de moitié. Depuis 1700, il en est sorty 18 boulangers, qui se sont établis dans Paris et aux faubourgs.

11. Il n'y a aucun commerce.

12. Le montant du corps de la taille était, en 1700, à la somme de 3.050 livres; en 1705, à 3.320 livres, et en 1711 à 3.610 livres.

13. Il n'y a aucun bénéfice sur la paroisse, qu'une petite chapelle qui est dans le parc de Mme la marquise de Souvelles; cette chapelle a 430 livres de revenu; c'est M. l'abbé Francfort qui en est titulaire.

14. Le curé se nomme M. René Quentin, de la province d'Anjou; il est honnête homme; le total de son revenu peut monter, par commune année, à mille livres, les décimes payez.

15. Il y a un vicaire, nommé M. Prevost, qui est de Villepinte. La fabrique de Dugny lui donne 100 livres par an, et on luy donne 250 livres pour desservir la chapelle de Mme la marquise de Souvelles.

16. Il n'y a aucun gentilhomme résidant dans la paroisse.

17. Il n'y a qu'un garde de S. A. R. Monseigneur le Régent qui y réside ordinairement.

18. Il y a 62 habitans taillables, savoir: deux laboureurs, dix boulangers, dont il y en a trois fort médiocres; les autres sont des artisans et manœuvriers.

19. Il y a 327 arpens 75 perches [de] terre appartenant à l'Église, dont le revenu annuel est estimé la somme de 3.139 livres 10 sols.

20. Il y a 219 arpens 45 perches [de] terre appartenant à la Noblesse, dont le revenu annuel est estimé la somme de 2.397 livres.

21. Il y a 196 arpens 19 perches [de] terre appartenant aux taillables, dont le revenu annuel est estimé 309 livres 12 sols.

23. Il n'y a aucune terre inculte.

24. La communauté n'a à présent aucun pâturage que 6 arpens 40 perches, qui sont sur la paroisse de Bonneuil, mais le sieur Antoine Brissart doit luy en rendre, dans peu, 9 arpens qui luy étaient engagez.

25. Il n'y a aucun domaine abbandonné.

26. Il n'y a sur la paroisse que 30 perches de bois taillés, appartenant au collège de Montaigu.

27. Il n'y a point de vigne.

28. Il y a 70 arpens 5 perches de prez, qui sont compris dans le total des terres cy-dessus.

29. Il y a 3 moulins à eau sur ladite paroisse; l'un appartenant aux religieux Bénédictins de Saint-Denis, qui est loué 3.000 livres par an; un autre petit moulin appartenant auxdits religieux, qui est loué 440 livres, et un autre moulin, appartenant à M™ la marquise de Souvelles, qui est loué 2.000 livres.

30. Il n'y a point d'étang.

31. La communauté a 250 livres de rentes, qui sont employées à rétablir le presbitère, payer le maître d'école et entretenir les chaussées » 1.

Ce précieux texte éclaire d'une façon complète la situation du village, il y a cent quatre-vingts ans. Nous n'y ajouterons que quelques commentaires : on remarquera qu'à deux reprises (§ 5) le Bourget y est indiqué comme appartenant à la paroisse de Dugny ; c'est une question sur laquelle nous aurons à revenir. Quant à la chapelle, située dans le parc de la marquise de Souvelles (§ 13), elle est connue d'autre part ; elle avait été fondée en 1673, sous le vocable de Saint-Jean par « messire Jean-Jacques de Masparault, chevalier, seigneur de Dugny » ; à cette époque, un revenu de 500 livres était assigné au chapelain, qui était à la nomination de l'archevêque de Paris. La famille Cretté de Palluel devint, par la suite, propriétaire de la terre qu'avaient possédée les familles de Masparault et de Souvelles.

Le mémoire dit (§ 11) qu'il n'y a aucun commerce à Dugny. Le fait, sans doute, était vrai en 1716 ; mais, avant la Révolution, à une date que nous ne pouvons préciser, une manufacture de cire s'y était fondée. On en a pour preuve, dans les registres paroissiaux conservés à la mairie, la mention comme parrain, le 19 mai 1785, de Jean-Baptiste Boissin, « cirier en la manufacture royale de ce

---

1. *Archives nationales*, Q3, 206. Cinq autres communes seulement du département ont la bonne fortune d'être représentées dans ce carton par un document analogue ; ce sont celles de Bondy, Boulogne, Gennevilliers, Neuilly (Villiers) et Saint-Ouen.

lieu ». La cire était alors un produit d'une consommation considérable et les manufactures auxquelles le roi accordait un privilège furent nombreuses ; l'industrie s'est modifiée par la suite des temps, et c'est ainsi que l'ancienne manufacture de Dugny s'est transformée en une fabrique de suifs, puis de bougies.

L'ancien régime fut clos, à Dugny, par la vente à laquelle procéda le Directoire du district de Saint-Denis, le 20 juin 1791, des biens nationaux provenant de l'abbaye de Saint-Denis et de la cure, vente qui produisit au total 388.200 livres. Les biens n'avaient été estimés que 132.522 livres. L'abbaye possédait le grand et le petit moulin et une grange, voisine du grand moulin. Les terres et prés étaient situés aux lieux dits : le bois des Brouillards ou la Basse Molette, les Carreaux, la Haute Molette, la Butte, la Justice, le Haut Condos, Lorenseau, la Ruelle des Prêtres, les Vieilles Vignes, la Pierre.

Les biens de la cure se trouvaient aux lieux dits : le Canton de l'Épinette, le Hazeret [1], la Provendière, l'Ermitage [2].

L'histoire de la Révolution, à Dugny, nous est révélée par le premier registre des délibérations de la commune. L'ère de liberté y fut accueillie avec enthousiasme ; mais là, comme en bien d'autres localités, on ne comprit pas tout de suite nettement qu'elle devait être la même pour tous. C'est ainsi qu'un des premiers actes de la municipalité fut (le 5 décembre 1791) d'autoriser le citoyen Mongé, procureur de la commune, à faire une ronde, les dimanches et fêtes, pendant les offices divins, chez les cabaretiers et limonadiers, et de même, le soir à neuf heures, de la Toussaint à Pâques, et, à dix heures, de Pâques à la Toussaint.

En 1792, la commune fournit et équipa cinq volontaires pour aller défendre la patrie aux frontières ; le 17 mars 1793, elle en envoya quatre autres, mais, cette fois, on dut les tirer au sort.

Dès le début de la Révolution, un arbre de liberté avait été planté sur la place d'armes, nommée alors place du Martroi ;

---

1. Ce nom de lieu, conservé aujourd'hui par un chemin, était autrefois celui d'un cours d'eau que le *Mémoire de la Généralité de Paris*, rédigé vers 1700, nomme (p. 8) le Hazaray « qui passe à Villepinte, Aulnay et Pontiblond, et se joint à la rivière de Crould un peu au-dessous d'une autre petite rivière, nommée Rosne, qui a sa source près Moisselles, passe à Ezanville, Sarcelles, Arnouville et se joint à la rivière de Crould près de Dugny ». En note, M. de Boislisle l'identifie avec les Rideaux ou la Roide eau, dans la première partie de son cours, puis le Sausset et la Morée ou rivière de Pontiblond.

2. Affiche imprimée, aux Archives de la Seine.

malheureusement, cet arbre mourut peu après ; il fut décidé que, le 9 octobre 1793, jour du patron de la paroisse (saint Denis), il en serait planté un autre « avec toute la pompe qu'exigent l'emblème et le ralliement de tous les bons citoyens français ».

C'est avec les mêmes sentiments que, le 30 brumaire an II, le procureur de la commune fit remise à la municipalité d'une pierre « laquelle provient des débris de la Bastille, sur laquelle est la déclaration des droits de l'homme et du citoyen, que le peuple français sanctionna le 10 août dernier ».

Vers le même temps, l'église fut fermée, et, comme nous le dirons plus bas, il fut même question d'en consacrer la désaffectation en vendant tous les meubles et objets du culte qu'y s'y trouvaient.

A la suite de la journée du 9 thermidor, la municipalité décida de féliciter la Convention, en envoyant l'un de ses membres y lire l'adresse suivante, dont le style n'est pas sans élévation :

Citoyens représentants,

Si nous avons frémi d'indignation au récit des dangers que vous avez courus, quelle a été notre joie et notre satisfaction en apprenant la victoire que vous avez remportée sur ces vils scélérats qui voulaient attenter à la liberté nationale ! Calmes au milieu des plus grands troubles, semblables à la foudre qui suit de près l'éclair, distinguer les conspirateurs et faire tomber leurs têtes sous le glaive de la loi, n'a été pour vous que l'affaire de l'instant. Grâces vous soient rendues ; votre énergie a sauvé encore une fois la République, et c'est à juste titre que la nation entière vous appellera les restaurateurs de la liberté....

Ne vous lassez pas de veiller au bonheur de la République ; continuez vos glorieux travaux. Nous, citoyens représentants, vous jurons d'être toujours fidèles à la Convention, de ne reconnaître qu'elle, et de la considérer comme le centre de notre union. Et si de nouveaux scélérats tentaient de troubler cette harmonie, ordonnez, nous volerons vers vous. Si nous ne pouvons armer nos mains de baïonnettes, nous prendrons nos fourches, nos faulx, nos fléaux ; ces armes nous suffiront pour poursuivre et terrasser les conspirateurs et les traîtres, qui toujours sont des lâches.

Vive la République ! Vive la liberté ! Vive la Convention nationale !

Nous terminerons ces notes sur le temps de la Révolution en reproduisant la relation de la fête célébrée à Dugny en l'honneur de la prise de Toulon :

Le premier décadi du mois pluviose, le rappel battu le matin a annoncé la fête ; la force armée rassemblée à dix heures a été chercher les trois déesses, savoir la citoyenne Fay, représentant la Raison, la citoyenne Mongé, représentant la Victoire et la citoyenne Frenot, la Liberté, et les a conduites au temple de la Raison ; elle a été ensuite chercher les corps [municipaux] et les a également introduits dans ledit temple.

Tous les citoyennes et citoyens s'y étant rendus, le citoyen Leblanc, officier municipal, est monté dans la chaire et a prononcé au nom de la municipalité un discours analogue aux devoirs et aux fonctions de la municipalité; après ce discours, les jeunes filles ont chanté des hymnes en l'honneur de la liberté. Le cortège s'est ensuite mis en marche dans l'ordre suivant :

Quatre cavaliers, les tambours, les jeunes volontaires de la première réquisition, ayant à leur tête un des officiers de la Garde nationale, le buste de Pelletier porté par deux citoyens, la musique, un groupe de jeunes filles vêtues de blanc avec des ceintures tricolores, chantant pendant la marche des hymnes patriotiques, le buste de Marat, la tête également ceinte d'une couronne et porté par deux citoyens; le Comité de surveillance, précédé de son planton ou détachement de la force armée, au milieu duquel était l'oriflamme, à la tête duquel était un des officiers de la Garde nationale; la municipalité aussi précédée de son planton et accompagnée des citoyens Deroy, administrateur, et Faucompret, procureur du Directoire du district de Franciade, commissaires choisis parmi les membres du Directoire et députés pour les représenter à la fête à laquelle ils avaient été invités par les citoyens de la commume.

Suivait le char, artistement décoré de tous les attributs de la Liberté et parsemé des emblèmes de la victoire, de la fraternité et de l'égalité, ledit char traîné par deux chevaux gris et sur lequel étaient placées les trois déesses ci-dessus nommées; la première représentait la Raison et offrait aux citoyens le tableau des Droits de l'homme; la seconde représentait la Liberté armée d'une pique surmontée du bonnet de la Liberté et ornée d'une couronne attachée avec un ruban tricolore; la troisième représentait la Victoire appuyée sur un faisceau d'armes également décoré. La marche était fermée par les citoyens et citoyennes, environnés du surplus de la force armée commandée par un des officiers de la Garde nationale.

Le cortège fut rendu dans le plus grand ordre à l'arbre de la Liberté qui a été replanté; le citoyen Penon, officier public, y a prononcé un discours sur les droits imprescriptibles du peuple. Le groupe de jeunes filles y a chanté une invocation de l'arbre de la Liberté. De là, le cortège s'est rendu à la Montagne, plantée de jeunes arbustes, au sommet de laquelle a été élevée une pyramide présentant quatre faces, sur chacune desquelles on lit les inscriptions suivantes: *Vivre libre ou mourir; l'union fait notre force; égalité et fraternité; obéissance à la loi.* Le devant de cette montagne représente une entrée de souterrain au-dessus de laquelle est gravée cette inscription: *Aux défenseurs de la Liberté, la Patrie reconnaissante.* Les jeunes volontaires, la force armée, les autorités constituées couvraient la Montagne; alors les jeunes filles, accompagnées de la musique, ont chanté un hymne à la louange des Montagnards, le citoyen Benoist, président du Comité de Surveillance, a prononcé un discours relatif aux glorieux travaux de la Montagne et aux devoirs et fonctions de ce Comité; après ce discours, il a été chanté un hymne en l'honneur de Pelletier et de Marat par le groupe de jeunes filles. Cet hymne a été suivi d'un discours prononcé par le citoyen Nicolas-Louis Benoist, capitaine de la Garde nationale, au nom de la force armée, sur la définition du mot Patrie et sur les devoirs qu'elle impose à tous les citoyens pour sa défense et son bonheur. Les jeunes citoyennes, ayant fait une invocation à la Patrie, le cortège est retourné dans le même ordre au temple de la Raison, où le citoyen Bertucat, agent national, a prononcé un discours relatif au Gouvernement révolutionnaire provisoire, à la suite duquel ont été chantés différents couplets en l'honneur de la Liberté.

La cérémonie s'est terminée par un repas frugal et fraternel, durant lequel il a été porté à différentes reprises des santés à la Nation, à la République à nos illustres Montagnards et à nos braves et généreux défenseurs; ce repas a été suivi de chants et de danses, où ont régné jusqu'à la fin l'ordre, la décence, la fraternité et la gaieté. Le présent procès-verbal rédigé par nous, commissaires nommés à cet effet, par les citoyens de la commune de Dugny. Le jour et an que dessus, et avons signé.

Dans le cours de notre siècle, Dugny ne s'est trouvé que rarement mêlé aux faits de l'histoire générale.

Le 29 mars 1814, une division de l'armée russe, commandée par le général Karniloff, y passa, marchant vers Saint-Denis et Paris, mais sans s'arrêter ni exercer de ravages.

A la date du 21 octobre 1816, le registre des délibérations relate une cérémonie funèbre en l'honneur de Marie-Antoinette, célébrée dans l'église « avec toute la pompe que l'on peut attendre d'une paroisse dénuée de tout ». La garde nationale, armée de fusils, y figura pour la première fois depuis son organisation. La relation loue « sa décence et sa bonne tenue, quoique pourtant elle ne fût pas habillée ».

Le 19 septembre 1830, ce fut dans l'église, en raison des réparations s'effectuant à la mairie, que le Conseil s'assembla pour prêter serment au nouveau roi des Français. Le maire était alors M. Alexandre Cretté de Palluel; il prononça la formule sacramentelle, mais, peu de jours après, donna sa démission.

La journée du 24 février 1848 fut fêtée avec allégresse par les habitants de Dugny. Deux bustes de la République furent inaugurés, l'un à la mairie, l'autre aux écoles, au son d'un orchestre composé de 10 musiciens, et aux cris redoublés de: Vive la République !

Les registres ne fournissent aucune indication sur l'accueil fait aux événements de décembre 1851, et pourtant le Conseil siégea le 7.

De même, la prestation du serment : « Je jure obéissance à la Constitution et fidélité au Président » est enregistrée à la date du 2 mai 1852 sans autre mention. Il est visible que les cœurs étaient restés républicains à Dugny.

Nous arrivons à la douloureuse période de 1870-1871. Au moment de l'investissement, le Conseil et la plus grande partie de la population durent se réfugier à Paris. Le corps municipal s'assembla, le 25 novembre, rue Riquet, n° 12, sous la présidence de M. Devaux, adjoint ; il s'y réunit encore, dans les mêmes conditions, le 4 octobre et le 10 novembre 1870 et le 5 janvier 1871, pour voter des secours aux blessés et aux indigents de la commune ; il ne revint siéger à Dugny que le 16 février.

Dès le 19 septembre 1870, l'ennemi avait occupé le village, où il établit des barrages sur différents cours d'eau afin d'inonder la plaine et de s'assurer une retraite à la première alarme. Le contrecoup des meurtriers combats du Bourget, le feu de nos forts vinrent bien des fois jeter l'épouvante parmi les rares habitants qui n'avaient pu abandonner leur sol.

La municipalité, lorsqu'elle eut à faire le bilan des dégâts causés aux édifices publics, constata qu'ils s'élevaient aux chiffres suivants :

Mairie et corps de garde	1.902 fr. 16
Presbytère.	4.127 — 07
Église.	4.900 — 62
École.	2.459 — 20
Cimetière	3.358 — »

De plus, huit maisons particulières étaient entièrement démolies ou brûlées ; presque toutes les autres, à demi-ruinées. Il fallut que la commune s'imposât (séance du 11 août 1872) quatre centimes additionnels pendant trois ans pour la réparation des édifices communaux. Les pouvoirs publics et la souscription du sou des chaumières firent le reste.

Au surplus, pour réparer ses brèches, réédifier ses monuments publics et devenir le gracieux et pittoresque village qu'il est aujourd'hui, Dugny a eu l'heureuse chance d'être administré depuis la guerre par quelques maires dont le dévouement, servi par une haute situation de relations ou de fortune, mérite tous les éloges. Il convient de ne citer que les morts : MM. Etienne Blanc, Jules Girette, officier de la Légion d'honneur, administrateur des magasins maritimes, Jules Gautier, — et, avec eux, M. Dumont, bienfaiteur de la commune, où il n'exerça jamais les fonctions de maire.

Au mois de juillet 1892, une Société poétique, la *Lice chansonnière* choisit Dugny comme un site fait à souhait pour y donner un banquet champêtre. A cette cérémonie, plusieurs pièces de vers furent récitées, dont quelques unes avaient pour objet de célébrer le charme du village ; elles ont été imprimées dans la notice de M. Savoye (V. la Bibliographie). Nous signalerons une fort jolie pièce de Gustave Nadaud, et, d'autre part, un petit poëme de M. G. Imbert sur le conscrit unique qui constitua le contingent de la commune en 1893.

II. — MODIFICATIONS ADMINISTRATIVES ET TERRITORIALES

La commune de Dugny paraît avoir supporté avec indifférence les modifications fréquentes qu'elle eut à subir au point de vue des circonscriptions cantonales. Ayant appartenu pendant la Révolution au canton de Pierrefitte, puis à celui de Saint-Denis pendant quatre-vingt-dix ans, elle a été rattachée, par la loi de 1893, à celui d'Aubervilliers, sans avoir élevé de protestation.

C'est de la même façon, d'ailleurs, qu'elle avait accueilli, le LI mars 1877, la consultation préfectorale relative à la suppression proposée des sous-préfectures de la Seine : en décidant de s'en remettre à la décision des Chambres.

Il n'en avait pas été de même lorsqu'il s'était agi d'agrandir le Bourget au détriment des communes limitrophes, et, dès l'instant qu'il fut question de restreindre son territoire, non seulement la municipalité, mais encore toute la population protesta avec la dernière énergie, et ne céda que forcée et contrainte. La question mérite quelques éclaircissements qui, du reste, seront donnés avec plus de détail dans la *Notice* sur le Bourget. Nous nous bornerons ici à les résumer.

On ne voulut jamais admettre à Dugny que le Bourget eût été, avant la Révolution, autre chose qu'une annexe de Dugny, chef-lieu de paroisse. Il est vrai que jusqu'en 1793, le curé de Dugny eut le Bourget dans sa circonscription, et, au point de vue strictement ecclésiastique, l'affirmation était valable ; mais il est vrai aussi qu'en raison de sa situation sur une des routes les plus fréquentées de France, l'importance du Bourget s'était accrue si bien qu'il se tenait des registres spéciaux, pour ce « hameau », d'actes de baptêmes, mariages et sépultures (ces registres existent encore aujourd'hui à la mairie du Bourget et remontent à l'année 1692); il est vrai aussi qu'en 1787, lors du remaniement des assemblées municipales, les habitants du Bourget en constituèrent une qui leur fut propre, et qu'en 1789, ils rédigèrent comme toutes les autres *paroisses* du royaume, le cahier de leur doléances aux États Généraux, ce qui fit que lors de la création des municipalités, en 1790, celle du Bourget se trouva constituée tout naturellement, et sans aucune protestation de la part de Dugny, mais avec un territoire très peu important et qui se trouvait, du côté du nord, limité aux maisons bordant la route de Flandre; son cimetière même formait une enclave sur la commune de Dugny.

A de fréquentes reprises, le Bourget réclama un agrandissesement de son territoire. En 1861, notamment, une enquête fut prescrite par l'administration préfectorale et aboutit à une opposition très vive des communes limitrophes. Le Conseil général en délibéra dans sa séance du 21 décembre 1861 et décida d'ajourner l'opération à l'année prochaine. Elle le fut, en réalité jusqu'à l'année 1869, date à laquelle le Conseil municipal du Bourget exposa ses doléances dans une longue délibération, prise le 13 juin, et qui a été autographiée. Celui de Dugny protesta non moins vivement qu'en 1861 contre les allégations, historiques et autres, qui y étaient émises, et ne consentit qu'à excepter de son refus, « mais par mesure de haute convenance seulement, l'emplacement du cimetière du Bourget, établi sur Dugny ».

La question, interrompue par la guerre, fut reprise en 1872 à la suite d'un arrêté préfectoral du 27 août, prescrivant une enquête, au cours de laquelle 134 habitants de Dugny se prononcèrent contre une cession de territoire, et quatre seulement déclarèrent y consentir. Fort de ces chiffres, le Conseil municipal prit une délibération aussi énergique que les précédentes, et avec les mêmes conclusions.

Cependant, le 20 novembre 1873, le Conseil général décida qu'il y avait lieu d'agrandir le territoire du Bourget au détriment des communes de Dugny, de la Courneuve et de Drancy; finalement, toute la procédure administrative et législative ayant été épuisée, la loi du 23 mai 1877 donna satisfaction à la requête de là municipalité du Bourget en modifiant ses limites de telle sorte que Dugny abandonna une zone de terrain sensiblement parallèle à la route nationale entre le rû de la Molette et le chemin du Haut-Condos, et large d'environ 400 mètres. Elle comprenait les lieux dits : la Haute Molette, pour partie, les Prés Communaux, en entier, et Derrière le Bourget, presqu'en entier.

III. — ANNALES ADMINISTRATIVES. — LISTE DES MAIRES

Instruction. — Par délibération du 11 octobre 1858, le Conseil, considérant que les enfants des deux sexes étaient réunis dans une école mixte, décida la remise du service de l'instruction des filles aux sœurs de Saint-Vincent-de-Paul. L'appropriation des bâtiments était évaluée à 4.900 francs, et une indemnité de 1.500 francs de traitement allouée à ces religieuses. Cette délibération n'eut pas son plein effet.

A la date du 8 septembre 1867, l'administration municipale, répondant à un questionnaire formulé par l'autorité supérieure, donnait les indications suivantes : il existe dans la commune une école publique et un cours d'adultes pour les garçons, une école libre et un cours d'adultes pour les filles, dirigés par les sœurs de Saint-Vincent-de-Paul. — Seul, l'instituteur a droit à une indemnité de 50 francs par an pour le cours d'adultes. — Il n'y a pas lieu d'établir la gratuité absolue.

Le 10 novembre suivant, le Conseil déclara *communal* l'établissement libre des sœurs, en leur allouant une indemnité nouvelle de 500 francs.

La question de la laïcisation à Dugny a donné lieu, notamment sous l'administration de M. Étienne Blanc, à des conflits dont nous n'avons pas ici à faire le récit.

Noms des rues. — La *Notice* de M. Savoye contient (pages 12-18) de très utiles renseignements sur l'origine et l'état des rues de Dugny. Nous y ajouterons quelques mentions recueillies dans les registres de délibérations.

L'inscription du nom des rues et le numérotage des maisons furent prescrits, pour la première fois, par une ordonnance municipale du 1er mars 1830 : les inscriptions devront être faites uniformément « sur des planches en chêne de 50 centimètres de long sur 25 centimètres de large, peintes en couleur jaune à trois couches à l'huile avec cadre bleu, les lettres tracées en caractères noirs et proportionnés à leurs dimensions ». Depuis longtemps, des plaques en fonte émaillée ont remplacé presque partout ces anciennes planches.

La dénomination de la rue Cretté-de-Palluel fut donnée par le Conseil à la rue « appelée auparavant Duchêne ou Duval », le 27 décembre 1829. Le changement s'impose, dit la délibération, alors que la rue en question devant faire partie de la route départementale, va être la plus belle et la plus fréquentée de la commune. C'est aujourd'hui une portion du chemin de grande communication n° 30 de Stains à Bonneuil-sur-Marne.

Le 26 février 1860, le Conseil prit la délibération suivante : « Le Conseil municipal, en recevant les adieux de M. Thiéquot comme maire de Dugny, voulant reconnaître les services qu'il a rendus pendant son administration, notamment pour le chemin du Hazeret qui est bien commencé et planté d'arbres, exprime le vœu que ce chemin prendra désormais le nom de cours Thiéquot ». Cette délibération n'a pas été exécutée.

Une délibération du 22 novembre 1874 attribua à la rue Chasseville le nom de rue Etienne-Blanc, c'est-à-dire du fondateur du groupe scolaire situé dans cette rue. Le décret du 24 avril 1875 ratifia cette délibération.

La rue Dumont, ainsi désignée en vertu d'un décret du 30 décembre 1891, porte le nom d'un bienfaiteur de la commune (Voy. plus haut, p. 16.)

Par décret du 7 décembre 1896, la rue de Fortune reçut le nom de Jules Gautier, maire de Dugny depuis 1884 jusqu'à sa mort, survenue en 1892. L'origine de ce nom de rue de Fortune n'est pas connue ; peut-être est-ce le souvenir d'une enseigne ; du moins il avait quelque cachet d'ancienneté, et il est fâcheux qu'on ne l'ait pas attribué au carrefour, non dénommé, où débouche la rue Jules-Gautier.

Octroi. — Invité à délibérer, le 4 octobre 1838, sur la création d'un octroi à Dugny, le Conseil déclara en repousser le projet, « le petit nombre d'habitants et la position financière de la commune ne le permettant pas ». Il s'y refusa à nouveau, le 2 mai 1870.

Chemins de fer. — Le 5 décembre 1858, le Conseil approuva le projet d'une station au Bourget sur le chemin de fer du Nord.

Le 28 avril 1877, il donna un avis favorable à l'établissement d'une station de la ligne de Grande-Ceinture près du ru de la Molette, sur le territoire de La Courneuve, aux confins de celui de Dugny, en raison de l'impossibilité où l'on est d'adopter un tracé se rapprochant davantage du centre de la commune. La ligne fut ouverte à l'exploitation, le 2 janvier 1882.

Poste aux lettres. — La municipalité s'opposa, le 21 août 1887, à la création d'un bureau de poste; elle estimait le service postal suffisant et considérait cette création comme devant causer une charge non en rapport avec l'avantage que la commune en retirerait.

MAIRES DE DUGNY

TROSSU, Pierre. Élu le 23 janvier 1791.

DEVAUX, Nicolas. Élu le 13 novembre 1791. Réélu le 10 mars 1793. Destitué par un arrêté de la Convention nationale du 16 frimaire an III (6 décembre 1794), qui lui fut notifié, le 27 frimaire suivant, par Antoine Ravigneau, administrateur du directoire du district de Franciade.

BERTUCAT. Agent municipal, puis maire; an III-1807.

ROSSIGNOL. 1807-1815.

LE BLANC, Jacques. Élu par les habitants (25 suffrages sur 40 votants), le 21 mai 1815.

BERTUCAT, 1816-1820.

BUREL, 1820-1826.

LAUGIER, J.-F. 1826-1828.

CRETTÉ DE PALLUEL, Alexandre. Nommé par arrêté préfectoral du 8 janvier 1828. Démissionnaire en 1830.

BUCAILLE, Pierre-Dominique. 29 novembre 1830-1836. Démissionnaire.

SOMMEILLIER, Charles-François-Xavier. 31 octobre 1836-1854.

THIÉQUOT, André-Camille. 20 octobre 1854-1860. Démissionnaire.

CRETTÉ DE PALLUEL, Jules. 1860-1871.

BLANC, Étienne. Élu le 13 août 1871-1874.

GIRETTE, Jules. Nommé par arrêté préfectoral du 16 mai 1874. Démissionnaire en septembre 1876.

ROUQUIER, Édouard. Élu le 8 octobre 1876. Réélu le 21 janvier 1878 et le 22 janvier 1880.

GAUTIER, Jules. 17 mai 1884. Réélu le 21 mai 1888.

TUGOT, Félix. 20 septembre 1892-1893.

TUGOT, Jules-Antoine. 26 février 1893. Démissionnaire.

DELAPLACE, Pierre-Alexis. 15 juin 1893-1895. Mort en fonctions.

GUÉRIN, Édouard-Antoine. 10 novembre 1895. Réélu le 16 mai 1896.

IV. MONUMENTS ET ÉDIFICES PUBLICS

Église. — C'est sans doute au XIe siècle que s'éleva la première église de Dugny; mais de cet édifice il ne reste rien.

Celui qui subsistait encore il y a trente ans renfermait des parties attestant qu'il avait été construit au XIVe siècle et remanié, à plusieurs reprises, durant les deux derniers siècles de l'ancien régime. C'est, d'ailleurs, ce que nous apprend un passage de l'épitaphe suivante, curieuse à plus d'un titre, et qu'il faut citer toute entière malgré sa longueur :

MARTIN BRISSART

RECEVEUR DE LA TERRE ET SEIGNEURIE DE DUGNY, A VOULU ÊTRE
INHUMÉ AU PIED DE CET AUTEL OU SONT MARGUERITE GUYOT
ET JEANNE GANNERON, SES PREMIÈRE ET SECONDE FEMMES.
IL VÉCUT DANS LA PRATIQUE DES VERTUS.
SA FOY FUT SI VIVE QUE PAR SES SOINS LA CONFRAIRIE DU ST.-SACREMENT
A ÉTÉ ÉTABLIE DANS CETTE PAROISSE ;
SON ZÈLE POUR LA MAISON DE DIEU SI ARDENT QU'IL A REBATI CETTE ÉGLISE
ET L'A ENRICHIE DE DIFFÉRENTS ORNEMENS ET DE PLUSIEURS FONDATIONS ;
SA CHARITÉ ENVERS LES PAUVRES SI ÉTENDUE QUE SA MAISON LEUR A ÉTÉ
OUVERTE DANS LES TEMPS MÊME LES PLUS DIFFICILES ;
SON AMOUR POUR LES HABITANS DE CE LIEU SI TENDRE ET SI UNIVERSEL
QU'IL LES A TOUS SECOURUS DE SES BIENS OU ASSISTÉ DE SES CONSEILS ;
SON ATTENTION AU BIEN PUBLIC SI GÉNÉRALE QUE CE VILLAGE SE TROUVE
EMBELLI PAR DES AVENUES, PAR DES PONTS CONSTRUITS, ET LES RUES
ET LE GRAND CHEMIN PAVÉS EN PARTIE A SES DÉPENS.
IL MOURUT LE 5 FÉVRIER 1705 AGÉ DE 63 ANS... JOURS
ESTIMÉ DES GRANDS, CHÉRI DES PETITS ET REGRETTÉ DE TOUS,
SES ENFANTS ONT FAIT POSER CETTE ÉPITAPHE POUR MARQUER
A LA POSTÉRITÉ LEUR TENDRESSE ENVERS UN SI BON PÈRE.

Cette inscription, placée jadis au pied du maître autel, a été relevée et fixée au mur du bas-côté méridional, à droite du porche. Son texte a été imprimé dans l'utile recueil de feu Guilhermy [1].

Durant la Révolution, l'Église, convertie en temple de la Raison, faillit être dépossédée, comme nous l'avons dit plus haut, de son mobilier et des objets affectés au culte. En effet, à la date du 20 pluviose an II, le Conseil général de la commune autorisait « le citoyen Dumoutier, maçon, à faire démonter tous les tableaux, le crucifix, les deux saints et saintes qui sont au-dessus de la poutre en entrant dans le chœur, les confessionnaux, le dessus de la chaire

---

1. *Inscriptions de l'ancien diocèse de Paris*, t. III, p. 132.

à prêcher, le tabernacle, les autels et enfin tout ce qui est dans le Temple de la Raison représentant l'église, et aussi les ci-devant fonts baptismaux, à la charge par lui de le faire le plus tôt possible et que le payement de ses travaux lui sera payé sur le mémoire qu'il présentera à la commune ». Dix jours après, cette décision fut ajournée ; nous y gagnons, du moins, d'avoir un inventaire intéressant, bien que rétrospectif, de la décoration de l'ancienne église.

Après la guerre franco-allemande, l'édifice n'était plus qu'un monceau de ruines. On tenta cependant de le restaurer, et dans ce but, le Conseil votait (16 février 1873) un crédit de 6.000 francs pour les réparations les plus urgentes.

Il fallut y renoncer, et entreprendre une reconstruction totale dont le devis et les plans, confiés à M. Michaël, agent-voyer du canton, furent approuvés le 1er octobre 1874. Les dépenses prévues ne s'élevaient qu'à 54.758 fr. 52 ; en réalité, elles atteignirent 100.000 francs. Le 11 juillet 1875, eut lieu la cérémonie de la pose d'une pierre commémorative de cette reconstruction. En outre, une inscription placée à gauche de l'entrée, dans le bas-côté septentrional, en relate toutes les phases [1].

La vente des matériaux de démolition, faite le 8 avril 1877, ne produisit que 311 fr. 75.

A l'intérieur de l'église se lisent des inscriptions relatives aux cérémonies de consécration et d'inauguration ; on y voit aussi un monument élevé sur la sépulture de l'abbé Bécourt, ancien desservant de Dugny, fusillé près de la Roquette, le 27 mai 1871.

A l'extérieur, sur la face sud du clocher, ces inscriptions :

L'AN MDCCCLXXV

SOUS LES AUSPICES DU

MARÉCHAL DE MAC-MAHON,

PRÉSIDENT DE LA RÉPUBLIQUE,

CE CLOCHER A ÉTÉ ÉRIGÉ

ET LA RECONSTRUCTION DE LA NEF ENTREPRISE

AVEC LA GÉNÉREUSE ASSISTANCE DE L'ÉTAT

ET DU DÉPARTEMENT DE LA SEINE ;

M. FERDINAND DUVAL

ÉTANT PRÉFET DE LA SEINE

1. Le texte intégral en a été donné, avec d'autres faits intéressant l'église et les œuvres d'art qu'elle renferme, au tome I, pages 207 et suivantes ; de *l'Inventaire général des œuvres d'art décorant les édifices du département de la Seine*, publié par l'administration préfectorale.

Et au-dessus :

HORLOGE
DONNÉE A LA COMMUNE DE DUGNY
LE 25 OCTOBRE 1895
EN SOUVENIR
DE M. JULES GAUTIER
MAIRE DE DUGNY
DU 17 MAI 1884 AU 30 JUILLET 1892.

Cimetière. — Le premier emplacement du cimetière fut, suivant l'usage général, à côté de l'église. Nous en avons la preuve dans une délibération prise par la municipalité, le 4 mai 1793, portant qu'il est nécessaire de faire abattre les deux ailes du mur du cimetière « vis à vis la principale porte et entrée de l'église et de boucher les deux passages qui donnent la communication aux habitants de le traverser » ; le devant de la grande porte de l'église sera établi en demi-lune, et il sera fait une porte battante en bois de chêne pour l'entrée du cimetière, haute de quatre pieds et peinte en noir. Ces indications topographiques assignent au cimetière primitif la petite place située devant la Mairie.

Le 21 pluviose an IX (10 février 1801), le Conseil municipal opina en faveur de la translation du champ de repos « au lieu dit ci-devant le jeu de boules, le long du chemin de Notre-Dame », c'est-à-dire l'emplacement actuel. La création ne se fit cependant qu'en 1815, si l'on en croit une délibération prise le 10 mai 1853 et ayant trait à l'agrandissement du cimetière ; le vote est motivé sur ce fait que « la population s'est augmentée d'un cinquième environ depuis qu'il a été construit en 1815 ». Cet agrandissement fut consacré, le 10 février 1856, par l'ouverture d'un crédit de 456 fr. 80 pour l'acquisition du « terrain Blesson », et d'un autre crédit de 1.365 francs pour la construction du mur de clôture.

Mairie, Presbytère et anciennes Écoles. — Nous réunissons sous la même rubrique les renseignements relatifs à ces trois établissements, car pendant la majeure partie de ce siècle, ils ont occupé le même bâtiment, voisin de l'église, où est encore aujourd'hui la Mairie.

Un acte du 22 nivose an II (11 décembre 1793) mentionne le remboursement des frais de boiserie et papier faits dans la maison du ci-devant presbytère, destiné à faire une maison commune. Une grande obscurité règne ensuite sur l'affectation de cet immeuble : dans une délibération du 22 juillet 1821, le Conseil se préoccupait de loger le curé et, à cet effet, d'acheter l'ancien presbytère ; vers la même époque, les registres indiquent que le corps municipal s'assemble « au domicile de M. le Maire, servant de maison commune ». Enfin, le 9 juin 1822, est prise une délibération décidant l'acquisition des bâtiments actuels au prix total, avec les réparations qu'ils exigent, de 10.802 fr. 89 ; mais la commune ne peut voter que 3.000 francs ; aussi, elle implore l'aide du gouvernement et déclare que grâce à cette aide, « un desservant, une école salubre, une mairie et la conservation de ses archives, lui seront pour toujours assurées ». Ce n'est, cependant, qu'en 1830, que l'acquisition put être faite et les travaux entrepris ; le 10 août 1830, le Maire ordonnançait un acompte de 3.000 francs au sieur Cochet, adjudicataire des travaux de construction, dont le total devait s'élever à 6.352 fr. 50, non compris les frais de direction.

Plusieurs fois depuis cette époque, la mairie, l'école et le presbytère ont été l'objet de réparations plus ou moins considérables.

Le groupe scolaire et l'Asile de vieillards de la rue Étienne-Blanc sont dus en grande partie à la libéralité de M. Étienne Blanc, alors maire de Dugny, qui, à la séance du Conseil, du 11 novembre 1872, offrit à titre gratuit un terrain de 25 ares à prendre sur son enclos. — Le 1er décembre suivant, le Conseil décida l'acquisition d'un terrain voisin pour y établir l'école des filles. La dépense totale de ces divers bâtiments était évaluée à 42.882 fr. 75, sur lesquels la commune fournit une somme de 12.000 francs.

Le 22 juin 1873, eut lieu, avec grand apparat, la pose d'une pierre commémorative encastrée dans les fondations des écoles, et, le 19 octobre suivant, l'inauguration officielle, en présence des deux préfets, de l'archevêque de Paris, de l'évêque de Tarbes, de tous les représentants élus de la région et d'une foule considérable. De fort nombreux discours furent prononcés ; ils ont été scrupuleusement transcrits au registre des délibérations municipales.

BIBLIOGRAPHIE

Lebeuf (l'abbé), *Histoire de la ville et du diocèse de Paris,* tome I, pages 621-623 de l'édition de 1883.

Savoye (le capitaine C.), *Notice sur la commune de Dugny (Seine) depuis les temps les plus reculés jusqu'à nos jours.* 1893, in-8, 38 pages.

Fernand Bournon

RENSEIGNEMENTS

ADMINISTRATIFS

I. — TOPOGRAPHIE, DÉMOGRAPHIE ET FINANCES

§ I. — TERRITOIRE ET DOMAINE

A. — TERRITOIRE

Nom. — Dugny.

Dénomination des habitants. — Il n'y a pas d'appellation officielle pour désigner les habitants; l'usage tend à s'établir de les appeler Dunysiens; la forme Dugnyois a été aussi employée.

Armoiries. — Néant.

Limites du territoire. — La commune est limitée :
Au Nord, par les communes de Garges et Bonneuil (Seine-et-Oise).
A l'Est, par la commune de Blanc-Mesnil (Seine-et-Oise);
Au Sud, par le Bourget ;
A l'Ouest, par La Courneuve et Stains.

Quartiers, hameaux, écarts. — Néant.

Lieux dits.— La Salle, le Petit Marais, les Aulnes, l'Hermitage, les Joncs, les Peuples, les Provendiers, le Bois des Brouillards, la Duchesse, le Bout du Clos, l'Éguiller, le Martray, l'Ormeteau, l'Epinette, Sur les Brouillards, la Pointe, les Carreaux, Petit Marais, Haut Condos, Petit Condos, la Molette, la Butte, la Justice, Derrière le Bourget, Haute Molette.

Superficie.— La superficie actuelle du territoire est de 389 hectares, dont:

```
Propriétés bâties . . . . . . . .    19 hectares
Propriétés non bâties . . . . . .   370    —
              Total égal . . . . . .   389    —
```

Arrondissement. — Saint-Denis.

Canton. — Aubervilliers.

Circonscription électorale législative. — Deuxième circonscription de l'arrondissement de Saint-Denis.

Sectionnement électoral. — Pas de sectionnement.

Bureau de vote. — Un seul bureau de vote, à la mairie.

Circonscription de commissariat. — Commissariat de police d'Aubervilliers.

Circonscription judiciaire. — Justice de Paix de Saint-Denis.

Orographie. — Point le plus haut au-dessus du niveau de la mer: 45 ^{m} (au lieu dit « la Justice », vers le Bourget).

Point le plus bas: 35^m (aux lieux dits « le Petit Marais, la Salle, le Bois des Brouillards », vers le Croult et le Rouillon).

Hydrographie.— Le Croult prend sa source au Thillay (Seine-et-Oise), traverse Dugny sur une étendue de 1.580 mètres et se jette dans la Seine, à Saint-Denis.

Le Rouillon est un cours d'eau fait de main d'homme, alimenté par une prise d'eau dans le Croult, dite « le Trou Provendier », située immédiatement avant le grand moulin de Dugny. Cette rivière, après avoir traversé la commune sur une étendue de 950 mètres, va se jeter dans le Croult, à Saint-Denis.

Le Moleret prend naissance à Rosny-sous-Bois, reçoit les égouts de cette commune, entre sur le territoire de Bondy, où il reçoit l'égout de la route nationale n° 3 et le canal d'assainissement de la voirie de Bondy, puis traverse le territoire du Bourget où il reçoit l'égout de la route nationale n° 2. A partir de la traversée de cette route au Bourget, le Moleret prend le nom de Molette

Ce ruisseau traverse le territoire du Bourget, forme limite entre les communes de la Courneuve et de Dugny et se jette dans le Rouillon, entre le petit moulin de Dugny et le moulin neuf de Stains, après avoir passé sous le Croult et par-dessus la Vieille-Mer.

Il traverse la commune sur une étendue de 2.400 mètres.

Le ru de la Salle prend sa source à la Fontaine aux Prêtres, à Garges (Seine-et-Oise), et se jette dans le Rouillon, à 200 mètres en aval du petit moulin de Dugny, après avoir traversé la commune sur une longueur de 1.100 mètres.

Le ru des Petites-Eaux prend sa source dans le département de Seine-et-Oise et se jette dans le Rouillon. Sa longueur, toute entière sur Dugny, est de 950 mètres.

Le ru de la Vieille-Mer prend sa source à Dugny, au lieu dit « le Bois des Brouillards », passe sous le Croult et sous la Molette et se jette dans le Croult, à Saint-Denis. Sa longueur, dans la traverse de la commune, est de 750 mètres.

Le ru de la Busine prend naissance à la source de la Busine et se jette dans la Vieille-Mer. Sa longueur est de 600 mètres.

Le ru des Provendiers prend naissance à la source des Provendiers et se jette dans la Vieille-Mer, après avoir parcouru 400 mètres sur Dugny.

La Morée prend sa source au Tremblay (Seine-et-Oise) et se jette dans le Croult, à Dugny, à 150 mètres en aval du moulin Cretté de Palluel. Sa longueur dans la traverse de Dugny est de 2.600 mètres.

TABLEAU

DÉSIGNATION des COURS D'EAU	LOCALITÉS du département situées SUR LES COURS D'EAU	LIMITES dans le département DES COURS D'EAU ou de leurs sections à l'amont	à l'aval	LONGUEURS comprises dans le DÉPARTEMENT par section	par cours d'eau	LARGEUR MOYENNE des cours d'eau ou de leurs sections	PENTE TOTALE par cours d'eau ou par section	SURFACE DU VERSANT de chaque cours d'eau dans le DÉPARTEMENT
				mèt.	mèt.	mèt.	mèt.	mèt.
Rivière du Croult.....	St-Denis, La Cour-neuve, Dugny....	Départ. de Seine-et-Oise........	Seine (Fl.).	10.471	10.471	7 »	12,50	4.112
Rivière du Rouillon...	Saint-Denis, Stains, Dugny....	Rivière du Croult.....	Rivière du Croult.....	6.050	6.050	6 »	7,60	2.109
Ru de la Molette ou du Moleret.	Dugny, Le Bourget, Bondy, Rosny-s-Bois......	Rosny-sous-Bois........	Rivière du Rouillon....	11.650	11.650	2,50	2,480	2.400
Ru de la Salle......	Dugny, Stains.....	Départ. de Seine-et-Oise........	Id.	800	800	2 »	10 »	50
Ru des Petites-Eaux.	Dugny....	Id.	Id.	950	950	2 »	4,50	140
Ru de la Vieille-Mer	St-Denis, La Cour-neuve, Stains, Dugny....	Source des Brouillards.	Rivière du Croult.....	4.050	4.050	3 »	4,10	224
Ru de la Busine....	La Cour-neuve, Du-gny......	Source de la Busine...	Rivière de la Vieille-Mer........	600	600	1 »	2,40	10
Ru des Proven-diers......	Dugny....	Source des Provendiers	Id.	400	400	1 »	0,80	15
Ru de la Morée.....	Dugny....	Départ. de Seine-et-Oise........	Rivière du Croult.....	2.600	2.600	4 »	1,10	135

DÉSIGNATION des COURS D'EAU	VOLUME PAR SECONDE DES EAUX ORDINAIRES	DES EAUX D'ÉTIAGE	DES GRANDES EAUX
	mèt. cub.	mèt. cub.	mèt. cub.
Rivière du Croult	0,866	0,630	1,102
Rivière du Rouillon............	0,240	0,160	0,320
Ru de la Molette ou du Moleret...	0,020	0,010	0,060
Ru de la Salle	0,005	0,003	0,006
Ru des Petites-Eaux............	0,030	0,012	0,033
Ru de la Vieille-Mer............	0,056	0,034	0,310
Ru de la Busine................	0,001	0,003	0,005
Ru des Provendiers.............	0,003	0,001	0,004
Ru de la Morée	0,200	0,100	0,320

B. — DOMAINE

Mairie. — La mairie, bâtiment composée d'un rez-de-chaussée et d'un étage, est située au centre du village.

L'acquisition de l'immeuble dans lequel elle est installée, remonte à 1830 ; le bâtiment comprenait, en plus des services municipaux, le presbytère, qui existe toujours dans le même état, et une salle pour l'école.

La contenance du terrain est de 4 ares 56, en y comprenant la cour et le jardin du presbytère.

<pre>
Le prix d'achat fut de. . . . . . .   4.800   »
Les constructions et réparations ·
    coûtèrent. 6.002 89
                                         ─────────
Soit au total 10.802 89
</pre>

La Mairie a été transformée en 1883; un secours de 2.800 francs a facilité cette restauration.

Le bâtiment comprend : au rez-de-chaussée, à droite, l'ancienne école qui sert maintenant de salle de réunions et de salle de vote et le cabinet du secrétaire ; à gauche, le logement du garde champêtre, qui est en même temps concierge de la mairie ; au premier étage, deux pièces faisant partie du logement du concierge et la salle des séances du Conseil municipal, qui sert aussi de salle de mariage et de local pour la bibliothèque municipale.

Écoles. — Les écoles, qui comprennent 3 classes et le logement des instituteurs et institutrices, sont situées rue Étienne-Blanc.

Leur construction, en 1873-74, a coûté 72.740 fr. 69.

Le terrain occupé, en y comprenant de vastes préaux et les bâtiments et jardins de la maison de retraite, est d'une superficie de 29 ares 99 centiares.

Église. — L'église, sous le vocable de saint Denis, est de construction toute récente (1875). La réédification a coûté 103.230 fr. 32.

Le terrain occupé, situé au centre du pays et qui n'est pas compris dans le chiffre ci-dessus, puisqu'il appartenait déjà à la commune en 1717, est d'une contenance de 3 ares 84 centiares.

Temple, synagogue. — Néant.

Presbytère. — Le presbytère, contigu à l'église avec laquelle il communique par la sacristie, se confond comme prix d'achat et comme superficie de terrain avec la mairie.

Cimetière. — La création du cimetière actuel remonte à l'année 1815, et coûta à cette époque 2.705 francs. Il est situé chemin du Hazeret. Sa superficie est de 20 ares 13 centiares. La construction d'un caveau dépositoire a coûté 300 francs.

Tombes militaires. — Un terrain, clos d'une grille, situé au cimetière, contient le corps d'un soldat allemand, tué, suivant une tradition locale, d'un éclat d'obus français sur la place de la Mairie, pendant l'occupation prussienne.

Hospice. — Néant.

Hôpital. — Néant.

Morgue. — Néant.

Crèche. — Néant.

Dispensaire. — Néant.

Fourneau économique. — Néant.

Théâtre. — Néant.

Abattoir. — Pas d'abattoir public, mais 2 tueries particulières chez 2 charcutiers de la localité.

Fourrière. — Néant.

Terrains communaux. — Une petite parcelle de terrain de 3 ares 15 centiares, située au lieu dit « les Peuples », près de la Morée, et louée 16 francs par an.

Fort. — Néant.

§ II. — DÉMOGRAPHIE

A. — POPULATION

Les dénombrements faits depuis 1801, donnent les résultats suivants :

    1801. . . . . 322 (1)
    1817. 308
    1831. 460
    1836. 532

(1) Un siècle auparavant, en 1709, lors du dénombrement des paroisses de la Généralité de Paris, la population de Dugny ne comprenait que 61 feux *(Appendice — p. 424 — au Mémoire de la Généralité de Paris pour l'instruction du duc de Bourgogne)*, publié dans la Collection des documents inédits de l'histoire de France, par M. de Boislisle).

1841. 592
1846. 548
1851. 564
1856. 533
1861. 594
1866. 611
1872. 489
1876. 517
1881. 601
1886. 643
1891. 611
1896. 643

Le chiffre de la population de la commune a donc exactement doublé depuis le commencement du siècle.

Les tableaux dressés à la suite du dernier recensement contiennent les renseignements suivants :

Population *résidente* : 643.

Résidents présents 575
  —   absents. 30   } 643 habitants.
Population comptée à part.. . . . 38

La population, recensée comme présente le 29 mars 1896, se décompose ainsi :

	ENFANTS ou célibataires	MARIÉS	VEUFS	DIVORCÉS	TOTAL
Hommes..............	131	126	10	»	267
Femmes	189	120	40	2	351
	320	246	50	2	618

La population de Dugny, au point de vue de la provenance, se divise ainsi :

17/28es d'habitants venus des divers points de la France ;

10/28es d'habitants nés à Dugny ;

1/28e d'Alsaciens et d'étrangers.

Le classement de cette population par nationalité est résumé dans le tableau suivant :

TABLEAU.

		HOMMES	FEMMES	TOTAL
Francais	Nés de parents français............	249	339	588
	Naturalisés.....................	»	»	»
Étrangers	Allemands.....................	»	1	1
	Belges.......................	16	9	25
	Luxembourgeois................	2	2	4
		267	351	618

Les départements de la France qui fournissent à la commune le plus fort contingent sont :

Seine (non compris Dugny) . . . . 143 habitants.
Seine-et-Oise . . . . 63 —
Seine-et-Marne. . . . . 20 —
Aisne . . . . 19 —
Oise . . . . 17 —

En résumé, la population de Dugny est ainsi répartie d'après le lieu de naissance :

Français . . . . 588 dont. . . . . 220 nés dans la commune.
Étrangers. . . . 30 dont. . . . . 10 —

Soit un total de 618 habitants, dont 230 nés dans la commnne.

Dans l'année 1895, l'état civil a enregistré :

11 naissances ;
16 decès ;
6 mariages ;
» divorces.

B. — HABITATIONS

Nombre de maisons : 82.

Habitations composées d'un rez-de-chaussée. 7
— d'un étage 54
— de deux étages. 20
— de trois étages ou plus. 1
Total 82
dont . . . . 78 occupées.
et . . . . 4 vacantes.
Nombre de logements: 170, occupés par . . . . 25 isolés.
et . . . . . 145 familles.
7 ateliers.
6 magasins ou boutiques.

C. — DIVERS

Électeurs inscrits en 1896. — 152.

Recrutement. — 4 conscrits ont tiré au sort en 1896 [1].

Chevaux. — 85 chevaux, appartenant à 24 propriétaires :

Chevaux entiers . .	27 dont 2 au-dessous de 6 ans	et	25 au-dessus
Chevaux hongres. .	42 dont 2	—	40	—
Juments	16 dont »	—	16	—
Totaux	85 — 4	—	81	—

Voitures. — 25 voitures, appartenant à 16 propriétaires.

11 à 2 roues attelées de 1 cheval,
11   —   —   de 2 chevaux,
0 à 4 roues attelées de 1 cheval,
3   —   —   de 2 chevaux.

Total. . . 25

§ III. — FINANCES

A. — CONTRIBUTIONS

Principal des contributions directes en 1896 :

Contribution foncière.	4.534 »
— personnelle et mobilière	1.433 »
— des portes et fenêtres.	1.267 »
— des patentes.	1.222,84
Total.	8.456,84

Perception des contributions. — La commune dépend de la perception d'Aubervilliers. Le percepteur de cette circonscription se tient à la mairie de Dugny le 3e mardi de chaque mois, de 11 heures à 4 heures.

B. — OCTROI

Pas d'octroi dans la commune.

---

1. En 1893, la commune ne compta qu'un conscrit ; en 1894, il y en eut trois, mais aucun ne fut déclaré bon pour le service actif.

C. — FINANCES COMMUNALES

Recettes ordinaires d'après le compte de 1895.   15.449,71
   —   extraordinaires   —   —   6.246,79
                                   Total. . . .   21.696,50 [1]

Dépenses ordinaires d'après le compte de 1895.   19.449,18 [2]
   —   extraordinaires   —   —   4.473,05 [2]
                                   Total. . . . . .   23.922,23 [3]

Les dépenses ordinaires se répartissent entre les principaux services de la façon suivante :

1° Administration et police. 3.402,70
2° Voirie 8.943,81
3° Bienfaisance . . . .   304 »
4° Enseignement 2.260,24
5° Dépenses diverses 4.358,43

Emprunts. — Néant.

Secours. — La commune a reçu, depuis 1890, des secours pour l'exécution des travaux énumérés ci-après :

Année 1890 : Réfection des chaussées pavées des rues, 1.100 fr.;

Année 1894 : Agrandissement du cimetière et travaux divers, 4.550 fr. 80.

Année 1896 : Travaux divers à exécuter à la mairie : 2.650 francs.

Valeur du centime en 1896. — 84 fr.57.

Nombre de centimes. — 125 centimes, dont 20 extraordinaires, non compris les 3 centimes pour frais de perception des impositions communales.

Charges par habitant. — 23 fr. 76.

Receveur municipal. — Le percepteur des contributions de Saint-Denis remplit les fonctions de receveur municipal de la commune de Dugny.

Il reçoit, à cet effet, un traitement de 1.062 francs.

---

1. Ces recettes constituent les ressources normales de la commune.
2. Non compris les restes à payer devant figurer au compte administratif de l'année suivante.
3. Ce total représente les dépenses normales de la commune.

II. — SERVICES PUBLICS

§ I. — BIENFAISANCE

Bureau de Bienfaisance. — Cet établissement charitable distribue aux indigents des secours en nature : pain, viande et combustible, et leur fait donner, en cas de maladie, les soins nécessaires.

Dix-sept familles, représentant 56 individus, sont inscrites au Bureau de Bienfaisance, et secourues à raison de un individu par famille.

En outre, le Bureau attribue, chaque hiver, des secours à des indigents non inscrits.

Un médecin de Gonesse reçoit une indemnité annuelle de 100 francs pour soins aux indigents.

D'après la dernière situation financière, les recettes du Bureau se sont élevées à 3.778 fr. 60 et les dépenses à 1.198 fr. 47, ce qui donne un excédent de recettes de 2.580 fr. 13.

Les revenus de l'établissement étant inférieurs à 30.000 francs, c'est le receveur municipal qui est, de droit, trésorier du bureau ; il reçoit, à cet effet, une indemnité de 26 francs.

Hospice. — Néant.

Hôpital. — Néant.

Traitement des malades dans les hôpitaux de Paris. — Les malades de la commune sont envoyés en traitement dans les hôpitaux de Paris.

Conformément aux délibérations du Conseil général, du 3 avril 1890, et du Conseil municipal, du 11 mai 1890, la commune paye un abonnement basé sur le nombre moyen des journées de traitement des trois années précédentes, à raison de 1 franc par jour et par malade.

La somme payée, pour l'année 1895, a été de 104 francs.

Aliénés. — Il n'y a pas eu, en 1895, d'aliénés ayant à Dugny le domicile de secours. Les proportions pour lesquelles les communes du département de la Seine doivent contribuer aux dépenses des aliénés ont été fixées, par une délibération du Conseil général, en date du 27 décembre 1886, à 20, 25, 30, 35 et 40 % sur la dépense totale, suivant le revenu de la commune.

La part éventuelle de Dugny est de 25 %, dans les dépenses des aliénés qui peuvent être à sa charge.

Assistance à domicile. — Par délibération en date des 18 décembre 1895 et 26 avril 1896, le Conseil général a fait inscrire au budget départemental une somme annuelle de 50.000 francs destinée à subvenir à l'assistance à domicile des vieillards indigents, infirmes et incurables. La part contributive du département sera déterminée par l'Administration et devra correspondre au tiers de l'allocation municipale qui, d'ailleurs, est facultative.

Les conditions d'âge sont 65 ans pour les indigents valides; elles ne sont pas applicables aux infirmes et incurables. Il faut, en outre, avoir séjourné depuis 10 ans à Paris ou dans une commune du département.

En 1896, aucune disposition n'a été prise par la commune.

Enfants Assistés. — L'hospice des Enfants Assistés par le département de la Seine, est situé à Paris, rue Denfert-Rochereau, nos 72 et 74. La part afférente à la commune pour 1895, a été de 245 fr. 29.

Enfants moralement abandonnés. — Le contingent fourni par la commune, en 1895, s'est élevé à 33 fr. 40.

Protection des enfants du 1er âge. — En 1895, les déclarations d'élevage faites par les parents, conformément à l'art. 7 de la loi du 23 décembre 1874, se résument ainsi qu'il suit :

	AU SEIN	AU BIBERON	TOTAUX
Nombre d'enfants de Dugny mis en nourrice dans le département de la Seine (hors Paris)	»	1	1
Nombre d'enfants mis en nourrice hors du département de la Seine	»	2	2
	»	3	3

Les déclarations d'élevage faites par les nourrices de la localité ont été de 4 enfants, tous nés dans le département de la Seine.

Crèche. — Néant.

Dispensaire. — Néant.

Fourneau économique. — Néant.

Secours aux familles des réservistes. — Un crédit de 84 fr. 57 a été inscrit au budget de 1896, pour être distribué aux familles nécessiteuses des soldats de la réserve et de l'armée territoriale.

Propagation de la vaccine. — En exécution des prescriptions d'une circulaire préfectorale du 14 février 1894, les enfants des écoles publiques sont vaccinés et revaccinés aux frais du département, par les soins de l'institut de vaccine animale, rue Ballu, n° 8, à Paris.

Il y a eu, en 1896, 1 vaccination de nouveau-né et 4 revaccinations d'enfants des écoles.

Le médecin du Bureau a vacciné, le 2 mai et le 3 octobre 1896, 19 enfants nouveau-nés.

Caisse des écoles. — Conformément aux dispositions de l'art. 15 de la loi du 10 avril 1867, une Caisse des écoles a été créée à Dugny par délibération du Conseil municipal du 21 mai 1882. Les statuts ont été approuvés par arrêté préfectoral du 23 septembre suivant.

Elle a reçu, en 1895, une subvention de 200 francs du Conseil général.

Situation de la caisse des écoles en 1895 :

<pre>
Recettes   367,13
Dépenses   341,09
Excédent de recettes   26,04
</pre>

Il n'y a pas de cantine scolaire.

Bureau municipal de placements gratuits. — Néant.

Société de secours mutuels. — Une « Société municipale de secours mutuels » a été fondée le 1er janvier 1882, et approuvée par décret du 26 mars suivant.

La situation est prospère : elle compte 40 sociétaires qui paient une cotisation mensuelle de 1 fr. 50.

Elle ne reçoit pas de subvention.

§ II. — ENSEIGNEMENT

École des garçons. — L'école des garçons, dirigée par un instituteur, ne comprend qu'une classe qui est fréquentée par 19 élèves.

École des filles. — Cette école ne comprend qu'une classe de 18 élèves; elle a à sa tête une institutrice.

École maternelle. — L'école maternelle est fréquentée par 18 enfants; leur direction est confiée à une adjointe.

Enseignement du chant, du dessin et de la gymnastique. — Il y a, tous les quinze jours, une classe de gymnastique faite par un professeur spécial, qui reçoit une indemnité annuelle de 200 francs.

Admission dans les écoles primaires, supérieures et professionnelles de la Ville de Paris. — Néant.

Dons et legs faits aux écoles. — En 1870, M. Pierre-Joseph Dumont, propriétaire, fit don à la commune d'une rente de 100 francs 3 %, destiné à l'achat annuel de 5 livrets de 20 francs chacun, pour stimuler *l'assiduité* des enfants à l'asile et aux écoles et encourager les parents à les y envoyer. Cette répartition est faite par une commission spéciale.

Bibliothèques scolaires. — Une bibliothèque scolaire est installée dans chaque école :

Celle de l'école des garçons est composée de 183 volumes.

Celle de l'école des filles dispose de 151 volumes.

Des prêts gratuits sont faits aux enfants des écoles et à leurs familles.

Les écoles comprennent aussi un musée scolaire, destiné à l'enseignement des enfants et adultes.

Associations philotechnique et polytechnique. — Néant.

§ III. — VOIRIE

La longueur des voies de communication qui sillonnent le territoire de la commune est de :

1 route nationale.	1.475	mètres
1 route départementale.	2 150,	»
1 chemin vicinal de grande communication .	2.750,	»
2 chemins vicinaux ordinaires	1.510,	»
5 chemins ruraux	3.550,	»
Voirie urbaine	1.608,	»
Total.	13.043	mètres

Route nationale. — La route nationale *n° 2, de Paris à Maubeuge*, forme la limite Est de la commune sur une longueur de 1.475 mètres; dans ce parcours, la route a une chaussée pavée d'une largeur de 8 mètres, et des accotements, de chacun 12^m, 5o.

Elle est plantée d'une double rangée d'arbres sur toute sa longueur.

Route départementale. — La route départementale *n° 14, de Paris à Dugny*, appelée aussi *chemin de la Courneuve à Gonesse et à Dugny, dit de la Molette* (ancien chemin 67); *rue Cretté de Palluel* (ancien chemin 38); et *chemin du Hazeret*, emprunte le territoire de la commune sur une longueur de 2.150 mètres.

La largeur moyenne est de 6 à 7 mètres pour la chaussée et de 2 à 3 mètres pour les trottoirs. Dans la traverse de Dugny, la largeur du chemin varie entre 12 et 13 mètres; mais la chaussée conserve une largeur régulière de 6 mètres; elle est constituée, dans l'agglomération, par un pavage en boutisses de 10/24/16. En général, cette route est en assez bon état.

Chemin vicinal de grande communication. — Le chemin de grande communication *n° 3o, de Stains à Bonneuil-sur-Marne* (en partie ancien 38) — *rue Cretté de Palluel* dans la traverse de Dugny, depuis le Croult jusqu'à la route n° 14; *rue du Bourget*, de la route n° 14 jusqu'au Bourget, — prend son origine à la route départementale n° 12, sur le territoire de Stains; il franchit le ru de la Salle et les rivières du Croult et du Rouillon au moyen de ponceaux en maçonnerie,

De son origine à l'entrée de Dugny, la voie a une largeur régulière de 12 mètres, comprenant une chaussée de 6 mètres, pavée en gros échantillon et deux trottoirs, de chacun 3 mètres, plantés d'arbres d'essences diverses.

Dans la plaine jusqu'à l'entrée du Bourget, le chemin a des largeurs variant entre 12 et 14 mètres, avec une chaussée de 6 mètres en pavés de gros échantillon; cependant, sur une longueur d'environ 200 mètres, à la limite des deux territoires, la chaussée n'a qu'une largeur de 5 mètres.

Ce chemin est en très bon état sur toute sa longueur, qui est de 2.75o mètres sur Dugny.

Chemins vicinaux ordinaires. — Le tableau suivant donne la situation du réseau vicinal ordinaire de la commune de Dugny, ainsi que des renseignements sur les travaux exécutés:

Numéros	DÉSIGNATION des chemins	LONGUEUR	ORIGINE	FIN	Totale	Chaussée	Nature	État	Observations
					Largeur moyenne		CHAUSSÉE		
1	De l'Eguillau....	m. 433	Chemin de grande commun. n° 3o.	Route départementale n° 14.	m. 10	lacune	Terre.	Mauvais.	
2	Du Haut Condos	1.077	Chemin de grande commun. n° 3o.	Route nationale n° 2.	10	180^m à 5^m le reste à 3^m	Pavée	Bon. Mauvais.	
	Total	1.51o							

En déduisant les parties mitoyennes au compte des communes voisines, la longueur totale à entretenir par la commune de Dugny est de 1.334 mètres.

Les dépenses relatives à l'entretien se sont élevées, en 1895, à 7.800 fr. 11. (Le Département a alloué une subvention de 2.425 francs).

Travaux neufs sur chemins vicinaux ordinaires { Travaux faits dans l'année et dépenses corespondantes } Néant. — Projets en préparation, néant.

Chemins ruraux. — Les chemins ruraux sont au nombre de 5; leur étendue est de 3.55o mètres.

Route militaire. — Néant.

Voirie urbaine. — Les rues de la commune sont au nombre de 11 ; un certain nombre d'entre elles portent les noms de personnages intéressant l'histoire de la commune.

Voirie urbaine	Travaux faits dans l'année et dépenses correspondantes	Pavage rues de Fortune et Galande.. 1.500 fr.
		— rue Dumont et du Moulin.... 254,77
		Mur de soutènement de l'abreuvoir... 647,47
		TOTAL........ 2.402,24
	Projets en préparation	Rues Dumont et du Moulin. Dépense approximative.................... 1.000 »

Prestations. — Par suite de l'insuffisance des ressources ordinaires de la commune, applicables à l'entretien des chemins vicinaux, le Conseil municipal vote, chaque année, 3 journées de prestations en nature dont la valeur en argent est appréciée par le Conseil d'arrondissement et le Conseil général.

Le rôle de l'année 1896 comporte 861 articles imposés, se décomposant ainsi qu'il suit :

417 journées d'hommes à 2 francs	834 »
270 journées de cheval à 2 fr. 25.	607,50
3 journées d'âne à 0 fr. 75.	2,25
171 journées de voiture à 2 fr. 25	384,75

Sur ce nombre de journées, sont faites en nature :

165 journées d'hommes.
234 journées de cheval.
3 journées d'âne.
135 journées de voiture.

Il convient d'ajouter que la somme provenant des prestations se trouve, en général, réduite par suite de décharges, cotes indues et non valeurs.

De plus, Dugny étant une des communes qui votent, chaque année, 5 centimes ordinaires, plus trois journées de prestations, a reçu du département un subside de 2.425 francs.

Entretien des rues et des chemins ruraux. — L'entretien des rues de la commune et des chemins ruraux se fait sous la direction de l'agent-voyer communal. Il n'y a pas de cantonnier.

Un cantonnier spécial est chargé de l'entretien des chemins vicinaux.

Balayage. — Un employé communal est chargé de balayer le terrain situé devant les monuments publics ainsi que les places. En outre, en vertu d'arrêtés municipaux des 21 novembre 1839, 27 mars 1842, 24 juillet 1844 et 6 février 1863, les habitants sont tenus de nettoyer les rues, chacun pour la partie placée devant sa maison et d'enlever les ordures tous les samedis, avant le soir.

Droits de voirie. — Les doits de voirie ont rapporté, en 1895, 50 fr. 70. (Voir aux annexes).

Ponts. — Le pont du Hazeret, jeté sur la Morée et formant limite entre les départements de la Seine et de Seine-et-Oise, construit en 1886.

Un pont construit sur la Molette, en 1878, et limitant le territoire de la Courneuve.

Un pont sur le ru de la Salle, entre Dugny et Stains, construit en 1835.

Le pont Yblon sur la Morée, qu'il fait franchir à la route de Maubeuge, construit au XVIe siècle.

Rus. — Il a été fait mention à l'article « Hydrographie » des divers rus qui sillonnent le territoire de la commune.

Le curage du Croult, non exécuté en 1895, a été ordonné en 1896.

Le curage du Rouillon est exécuté par les propriétaires riverains, chacun au droit de soi.

Le curage de la Morée a été prescrit simultanément, en 1895, dans les départements de la Seine et de Seine-et-Oise. Il n'a pas été exécuté entre le moulin Cretté de Palluel et le Croult.

Port. — Néant.

Égout. — Néant.

Enlèvement des boues. — L'enlèvement des boues est fait par un employé communal.

Distance de Paris. — La distance de Paris (parvis Notre-Dame) à Dugny (mairie) est de 13 kilomètres, en suivant la route natiotionale nº 2 et le chemin de grande communication nº 30.

Distance du chef-lieu de canton. — Dugny est à 6 kilomètres 5oo mètres d'Aubervilliers.

Distance des autres communes du canton :
Stains est à 3 kilomètres 7oo mètres.
La Courneuve est à 5 kilomètres 4oo mètres.
Pierrefitte est à 6 kilomètres.
Villetaneuse est à 7 kilomètres 9oo mètres.

Moyens de transport. — Dugny est séparé de la gare du Bourget-Drancy (ligne de Paris à Crépy-en-Valois — gare du Nord) par une distance de 3 kilomètres ; il y est relié par un omnibus.

La gare du chemin de fer de Grande-Ceinture, appelée La Courneuve-Dugny, est située sur le territoire de La Courneuve et sert surtout au transport des marchandises.

Billets d'ouvriers. — La Compagnie du chemin de fer du Nord met des billets hebdomadaires, à prix réduits, à la disposition de la population ouvrière habitant le Bourget et les communes desservies par cette gare.

Omnibus. — Une entreprise d'omnibus, qui reçoit de la commune une subvention annuelle de 15o francs et une autre de la Compagnie du Nord, met en communication Dugny avec le Bourget par cinq départs quotidiens, dans chaque sens.

Eaux. — Néant.

Éclairage au gaz. — Néant.

§ IV. — JUSTICE ET POLICE

Justice de paix. — La commune de Dugny dépend de la Justice de Paix de Saint-Denis.

Les audiences de conciliation ont lieu le mardi et les audiences publiques le vendredi.

Offices ministériels. — Il n'y a pas d'offices ministériels dans la commune.

Commissariat et agents de police. — Dugny relève du commissariat de police d'Aubervilliers. Un agent de police de ce commissariat passe chaque semaine dans la commune.

Gendarmerie. — Il n'y a pas de gendarmerie à Dugny.

La commune dépend de la brigade de gendarmerie du Bourget.

Garde champêtre. — Il n'y a qu'un garde champêtre dans la commune; il est en même temps concierge de la mairie.

Messiers. — Néant.

§ V. — CULTES

Paroisse. — La paroisse de Dugny constitue une succursale, dont le desservant reçoit une indemnité de 900 francs par an, plus un supplément de traitement de 3oo francs, alloué par la commune.

Budget de la fabrique. — Les recettes du budget de la fabrique s'élèvent à 2.000 francs environ.

Fondations. — Néant.

Congrégations. — 3 sœurs de la congrégation de Saint-Vicent-de-Paul tiennent une école libre et un pensionnat.

Les frères de la Sainte-Famille dirigent une école libre.

§ VI. — SERVICES DIVERS

Poste, télégraphe, téléphone. — Il n'y a pas de bureau de poste ni de télégraphe dans la commune de Dugny.

Une seule boite aux lettres se trouve à la mairie. Le service est assuré par le bureau de poste du Bourget.

Deux distributions de lettres sont faites chaque jour, sauf le dimanche, où il n'y en a qu'une.

Pas de téléphone public.

Caisse nationale d'épargne (de Paris). — 5 livrets du legs Dumont.

Sapeurs-pompiers. — La subdivision des sapeurs-pompiers de Dugny est composée de 12 hommes commandés par un sous-lieutenant.

Les tambours et clairons reçoivent une solde de 100 francs. En outre, le Conseil municipal a voté pour l'année 1896:

<pre>
 3o francs pour frais d'asssurance,
600   —   pour frais d'habillement,
 3o   —   pour frais de registres,
1oo   —   pour l'entretien des pompes et accessoires.
</pre>

Le matériel de secours, composé de 2 pompes, d'un dévidoir et de divers accessoires, est remisé dans une salle du rez-de-chaussée de la Mairie.

Marché. — Néant.

Pompes funèbres. — Aucun traité n'a été passé entre la commune et l'entreprise des pompes funèbres générales.

Bureau de tabac.— Un seul bureau de tabac, situé place d'Armes.

Bibliothèque municipale. — La bibliothèque municipale publique de prêts gratuits à domicile a été fondée en 1882.

Elle est installée dans une salle de la mairie, et placée sous la direction du secrétaire.

Elle est ouverte au public le samedi de chaque semaine, de 4 h. 1/2 à 6 h. 1/2.

814 volumes sont mis à la disposition des lecteurs, qui sont au nombre de 314.

Archives de la commune. — Les archives de la commune se composent des registres paroissiaux, depuis l'année 1624, et des registres de l'état civil, depuis 1793, tous cartonnés et en fort bon état ;

Des registres des délibérations du Conseil municipal depuis 1791 ;

Des arrêtés municipaux depuis 1848 ;

De la comptabilité depuis 1867 ;

Des plans et registres du cadastre.

Tous ces documents sont très bien conservés.

§ VII. — PERSONNEL COMMUNAL

NOMBRE	EMPLOI	TRAITEMENT
1	Médecin de l'état civil et du bureau de bienfaisance.......	100 francs
1	Secrétaire de la mairie (emploi occupé par l'instituteur) ..	800 —
1	Receveur municipal (emploi occupé par le percepteur d'Aubervilliers)...	1.062 —
1	Agent-voyer communal...................................	300 —
1	Garde champêtre (en même temps concierge de la mairie).	900 —
1	Tambour afficheur	60 —
1	Gardien du cimetière..................................	50 —
1	Balayeur...	150 —
1	Femme de service des écoles..........................	0 fr. 25 l'heure

III. — RENSEIGNEMENTS DIVERS

Fêtes locales et foires. — La fête communale a lieu à la mi-juin ; elle dure une semaine et se tient sur la place d'Armes.

Courses de chevaux. — Néant.

Principales industries. — Les industries actuellement en exploitation sont :

Une usine pour la fabrication des couleurs et vernis, occupant 5o ouvriers ;

Une fabrique d'épingles en bois pour blanchisseurs, occupant 10 ouvriers ; cette fabrique est située dans l'ancien moulin Cretté de Palluel.

Un moulin à farine, dit *le Grand Moulin*, situé tout au bout du pays, rue Cretté de Palluel, n° 3. Il marche par eau et par la vapeur ; son personnel se compose de 7 ouvriers ; il peut fournir jusqu'à 1.000 quintaux de farine par jour. Son propriétaire est M. Renault.

Commerce et productions du pays. — Les habitants de Dugny s'occupent principalement de la culture des céréales, qui ont remplacé, comme presque partout dans la région, les vignobles des derniers siècles.

Écoles libres. — Deux écoles congréganistes :

L'une, pour les garçons, située rue Étienne-Blanc, comprend 22 élèves ; elle est dirigée par les frères de la Sainte-Famille.

L'autre, pour les filles, se trouve rue Cretté-de-Palluel et comprend 25 élèves ; elle est dirigée par les sœurs de Saint-Vincent-de-Paul, qui sont aussi à la tête d'un internat, composé d'environ 5o élèves.

Établissement privé de bienfaisance. — M. Étienne Blanc a, fondé, le 22 juin 1873, un asile qui porte son nom [1] et où sont logés gratuitement, avec la jouissance d'un jardin, des vieillards indigents de la commune. Cette maison de retraite est située dans les mêmes bâtiments que les écoles, avec accès particulier. Le nombre des pensionnaires est actuellement de trois.

Sociétés diverses. — Une fanfare, qui existait depuis longtemps dans la commune, a disparu en 1889.

Il n'y a pas de société de tir ni de gymnastique.

Médecin, pharmacien, vétérinaire, sage-femme. — Néant.

---

[1] Décret du 24 avril 1875 autorisant la dénomination. Le règlement de la maison a été approuvé par le Conseil municipal, le 4 juillet 1875.

ANNEXES

CONSEIL MUNICIPAL (1896)

MM. GUÉRIN, Édouard, maire,

SOLIN, Jean-Baptiste, adjoint.

SAUVEL, Charles, conseiller.

RENAULT, Albert-Michel, conseiller.

CRETTÉ DE PALLUEL, (Baron) Alfred, conseiller.

MM. AMELIN, Ernest, conseiller.

DEVAUX, Adolphe, —

NEURDIN, Philippe, —

PIERRE, Léon, —

NAUDIN, Laurent, —

LECŒUR, Gustave, —

ARNOULT, Théodore, —

TARIF DES CONCESSIONS

DANS

LE CIMETIÈRE

———

Par délibération du 8 mai 1895, approuvée le 31 mai suivant, le tarif des concessions a été fixé ainsi qu'il suit:

Concessions perpétuelles (1 mètre sur 2). . . 150 fr. »
Concessions trentenaires (1 mètre sur 2). . . 75 fr. »
Concessions de quinze ans (1 mètre sur 2) . . 30 fr. »

Le gardien du cimetière est détenteur d'une clef.
Droits de séjour dans le caveau provisoire :

1er mois . . . . 1 fr. par jour
2e mois . . . . 2 fr. —
3e mois . . . . 4 fr. —

Le 1er et le 2e mois sont payés en raison des jours de l'occupation; le troisième mois commencé est dû intégralement.

———

TARIF DES DROITS DE VOIRIE

(Délibération du 10 mai 1856, approuvée le 11 octobre suivant)

---

§ I. CONSTRUCTIONS NEUVES

Pour chaque mètre de façade :
    1° de bâtiment en maçonnerie . . . .   2 fr. 50
    2° de constructions en pan de bois . . . .   4 fr. »
    3° de murs de clôture . . . .   0 fr. 50
Exhaussement d'un bâtiment, droit fixe . . . .   5 fr. »

§ II. CONSTRUCTIONS EN SAILLIE

Saillies fixes

Grand balcon, par mètre de longueur . . . .   5 fr. »
Petit balcon, droit fixe . . . .   9 fr. »
Perron en pierre, droit fixe . . . .   0 fr. 70
Colonne en pilastre, droit fixe. . . . .   2 fr. »
Borne isolée ou engagée, droit fixe . . . .   0 fr. 50

NOTA. Dans le cas de rétablissement de chacun de ces divers objets, il ne sera perçu qu'un demi droit.

Saillies mobiles

Auvent en bois ou en métal :
    1° Au-dessus d'une boutique, droit fixe. . .   2 fr. »
    2° Au-dessus d'une porte (dite marquise)
    droit fixe. . . . .   20 fr. »
Porte ouvrant en dehors et croisée munie de contre-vents, volets ou persiennes ou garnie de grilles ou barreaux en saillie — pour chaque porte ou croisée, droit fixe . . . .   0 fr. 70

Tableau, enseigne ou lanterne, droit fixe. . . . . . .   3 fr.   »
Devanture de boutique, droit fixe . . . .   6 fr.   »
Travail de maréchal ferrant, embattoir, échoppe,
   droit fixe . . . .   15 fr.   »
Corde d'étendage, doit fixe . . . .   0 fr. 70

§ III. TRAVAUX OU RÉPARATIONS

Reconstruction partielle d'un mur de face, y compris
   le bouchement des baies, des portes ou croisées,
   demi droit :
      1º au rez-de-chaussée d'un bâtiment, pour
         chaque mètre de long . . . .   1 fr. 50
      2º au-dessus du rez-de-chaussée, droit fixe.   2 fr. 50
Ouverture avec ou sans linteau ou poitrail :
      1º d'une croisée . . . .   2 fr.   »
      2º d'une porte bâtarde . . . .   3 fr.   »
      3º d'une porte charretière ou cochère ou
         d'une grille. . . . .   5 fr.   »
      4º d'une baie de boutique . . . .   4 fr.   »
Ravalement partiel en général :
      1º de la façade d'une maison, droit fixe. . .   2 fr.   »
      2º d'un mur de clôture, droit fixe . . . . .   1 fr.   »
Colonne en fer ou poteau, droit fixe . . . .   3 fr.   »
Revêtissement en dalles, par mètre de longueur. . .   0 fr. 70

§ IV. — DROITS DIVERS

Barrière devant des travaux, droit fixe . . . .   1 fr.   »
Etai, chevalement, contre-fiche, droit fixe . . . . .   3 fr.   »
Dépôt de matériaux autorisés sur la voie publique,
   quelle qu'en soit la nature, par mètre superficiel
   et par mois . . . .   0 fr. 20

TABLE

RENSEIGNEMENTS ADMINISTRATIFS

I. TOPOGRAPHIE, DÉMOGRAPHIE ET FINANCES

§ I. *Territoire et domaine*

§ II. *Démographie*

§ IV. *Justice et Police*

§ V. *Cultes*

§ VI. *Services divers*

§ VII. *Personnel communal*

III. — RENSEIGNEMENTS DIVERS

ANNEXES

COMPARAISON

DE LA

POPULATION

ET DES

RECETTES ORDINAIRES

Relevées aux époques de Recensement

(1801 à 1896)

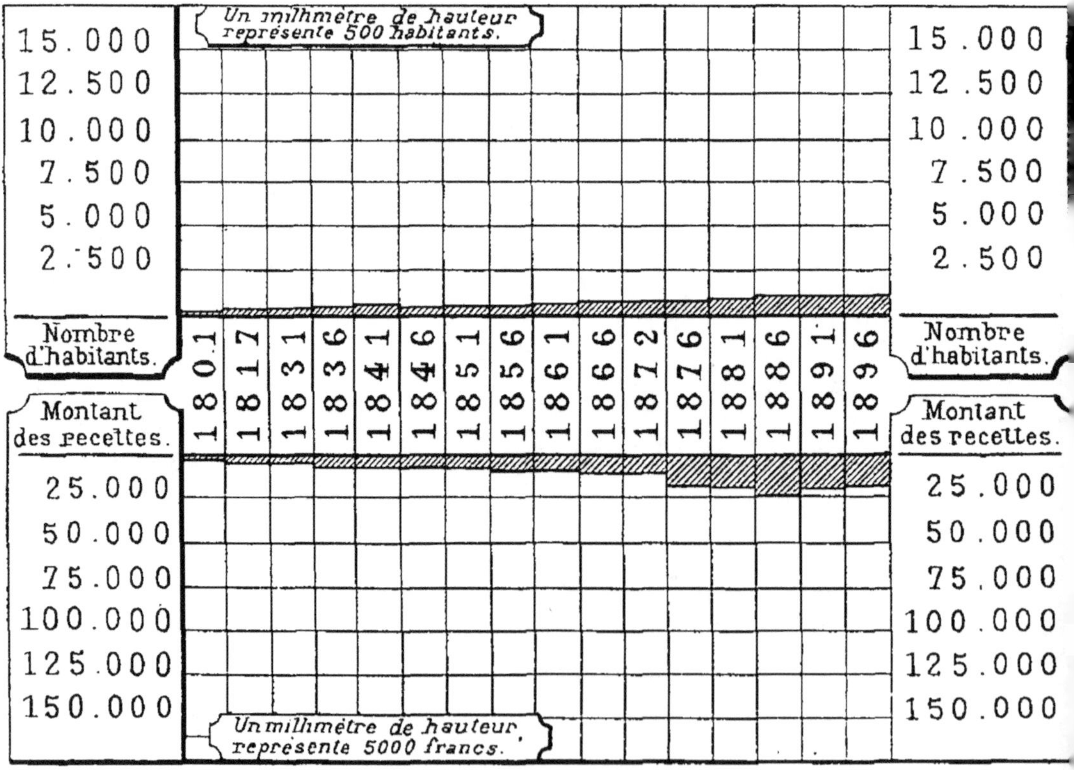

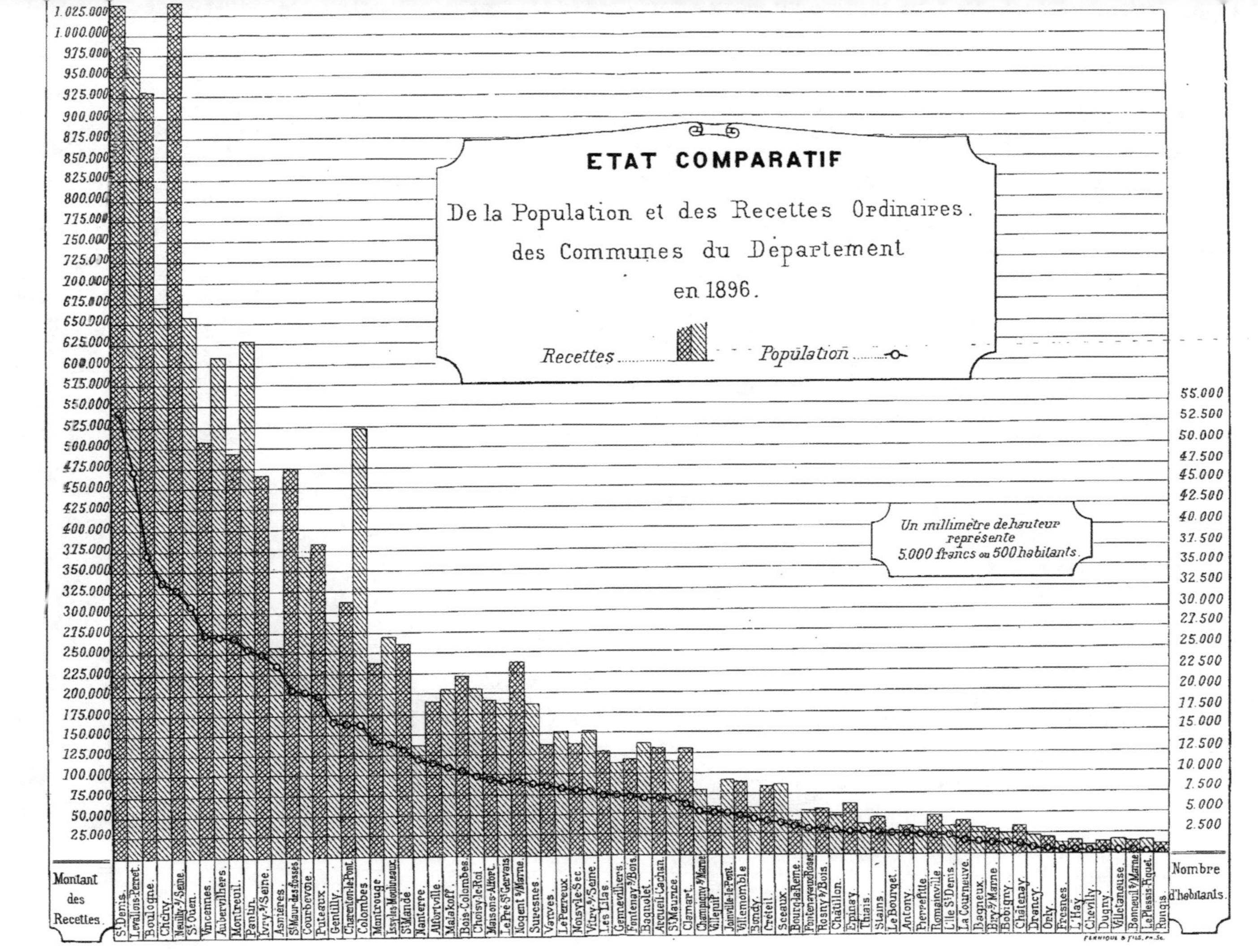

ETAT COMPARATIF
De la Population et des Recettes Ordinaires.
des Communes du Département
en 1896.
Recettes
Population
Un millimètre de hauteur représente
5.000 francs ou 500 habitants.
Montant des Recettes.
1.025.000
1.000.000
975.000
950.000
925.000
900.000
875.000
850.000
825.000
800.000
775.000
750.000
725.000
700.000
675.000
650.000
625.000
600.000
575.000
550.000
525.000
500.000
475.000
450.000
425.000
400.000
375.000
350.000
325.000
300.000
275.000
250.000
225.000
200.000
175.000
150.000
125.000
100.000
75.000
50.000
25.000
Nombre d'habitants.
55.000
52.500
50.000
47.500
45.000
42.500
40.000
37.500
35.000
32.500
30.000
27.500
25.000
22.500
20.000
17.500
15.000
12.500
10.000
7.500
5.000
2.500
St Denis.
Levallois-Perret.
Boulogne.
Clichy.
Neuilly s/Seine.
St Ouen.
Vincennes.
Aubervilliers.
Montreuil.
Pantin.
Ivry s/Seine.
Asnières.
St Maur-des-Fossés.
Courbevoie.
Puteaux.
Gentilly.
Charenton-le-Pont.
Colombes.
Montrouge.
Issy-les-Moulineaux.
St Mandé.
Nanterre.
Alfortville.
Malakoff.
Bois-Colombes.
Choisy-le-Roi.
Maisons-Alfort.
Le Pré St Gervais.
Nogent s/Marne.
Suresnes.
Vanves.
Le Perreux.
Noisy-le-Sec.
Vitry s/Seine.
Les Lilas.
Gennevilliers.
Fontenay s/Bois.
Bagnolet.
Arcueil-Cachan.
St Maurice.
Clamart.
Champigny s/Marne.
Villejuif.
Joinville-le-Pont.
Villemomble.
Brandy.
Créteil.
Sceaux.
Bourg-la-Reine.
Fontenay-aux-Roses.
Rosny s/Bois.
Châtillon.
Epinay.
Thiais.
Stains.
Le Bourget.
Antony.
Pierrefitte.
Romainville.
L'Ile St Denis.
La Courneuve.
Bagneux.
Bry s/Marne.
Bobigny.
Châtenay.
Drancy.
Orly.
Fresnes.
L'Hay.
Chevilly.
Dugny.
Villetaneuse.
Bonneuil s/Marne.
Le Plessis-Piquet.
Rungis.

DUGNY

Limites actuelles de la Commune reportées sur la Carte dite des Chasses_ (1764-1773)

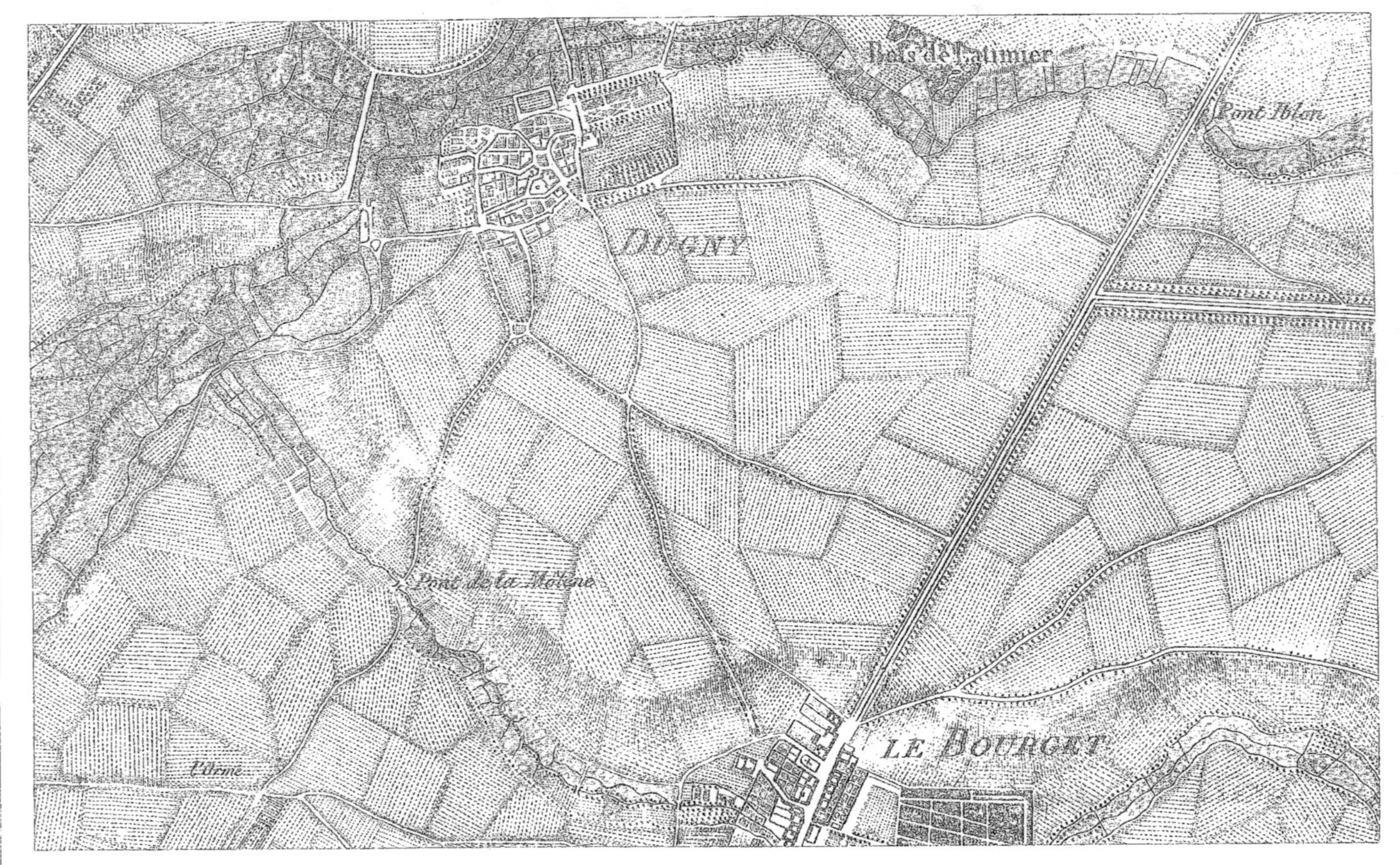

Échelle de $\frac{1}{16.000}$

DUGNY

Réduction Extrait de l'Atlas des Communes du Département de la Seine au 1:5000 de 1896–1900.

Echelle de 1/16.000

Gravé par L. Wuhrer.

SIGNES CONVENTIONNELS

Limite de Commune

www.ingramcontent.com/pod-product-compliance
Lightning Source LLC
Chambersburg PA
CBHW061221030726
47595CB00004B/1339